이러다
지구에
플라스틱만
남겠어

이러다 지구에 플라스틱만 남겠어

강신호 지음

북센스

들어가며

우리는 플라스틱을 모른다

2016년 겨울 무렵이다. 은평구 녹번동에 위치한 서울혁신파크에 입주해 있던 단체가 모여 생활 플라스틱 재활용을 실천해보겠다는 당찬 프로젝트들을 시작했다. '플라스틱 대장간'과 '플라스틱 서저리^{surgery}'라는 프로젝트다. 단지 업사이클링 수준이 아닌, 헌 플라스틱을 녹여서 새 물건을 만들어보자는 데 초점을 맞췄다. 예를 들면 히말라야 고산을 오르내리며 짐을 옮길 때 쓰는 지게를 재활용 플라스틱으로 만들어보면 어떨까 같은 시도였다.

이후 플라스틱 재활용에 관한 여러 사례를 조사하고 기획을 진행하면서 얼마든지 가능하지 않을까 하는 꿈도 키웠다. 그러다가 플라스틱을 잘게 부수고, 녹이고, 찍는 공정에는 장비가 필요하다는 것을 알게 되어 장비까지 만들었다. 그렇지만 플라스틱으로 새로운 물건을 찍어내는 데는 장비뿐 아니라 정확한 기술과 요령, 그리고 안전에 관한 지식이 필요하다는 것을 깨닫게 되었다. 실생활에 적용되기까지 갈 길이 멀다는 사실도 실감해야 했다. 소비자들이 자발적으로 배출 단계에서부터 병뚜껑 따로, 몸체 따로, 스티커 따로 분리해서 내놓게 하는 데는 더더욱 많은 시간이 필요했다. 단순히 몇 차례의 회의와 안내문만으로는 될 턱이 없었다. 그런 문화 자체를 만들어야만 했던 것이다. 단기간에 생활 속에 무작위로 들여온 첨단 재료라는 딜레마가 사람들을 움직이게 하는 데 큰 걸림돌이었다.

우리는 얼마나 알고 플라스틱을 사용하고 있을까?

이것은 참으로 무서운 질문이다. 음식물을 담거나 포장하는 데도 쓰고, 맨몸을 누이는 데도 쓰며 식량을 재배할 때도 쓰는 게 플라스틱인데도 아는 게 참 없다. 이 사실을 깨닫게 되면서 먼저 필요한 지식과 정보부터 전달하자고 마음먹었다. 플라스틱 문제에 대한 해법을 찾는 일 또한 적정기술의 정신을 구현하는 길이다. 쓰레기 제로를 실천하고 순환경제를 이루기 위한 첫걸음, 적극적인 재활용을 생활 속에 실천할 때에만 가능할 것이다.

이 책은 플라스틱을 사용하기에 앞서 알아야 할 정보와 지식을 다루었다. 그러다 보니 고등학교 화학 교과서에나 나올 법한 용어와 그림도 들어가 있다. 설명글도 다소 딱딱하다. 그렇다고 독자분들이 식상해하지 않았으면 좋겠다. 정확히 알지 못한 상태에서 물질을 대하는 것과 그렇지 않은 것에는 엄청난 차이가 있기 때문이다.

글을 쓰는 데 최대한 집중할 수 있도록 도와준 아내 이애경과 두 아들에게 고마움을 전한다. 협업 프로젝트 '플라스틱 대장간'을 함께하고 있는 금자동이의 박준성 대표와 장난감학교 김주혜 실장께도 감사를 드린다. '플라스틱 서저리' 팀원인 슬로리 프로젝트, 터치포굿, 프로젝트C 대표님들께도 더욱 용기를 내고 함께 가자고 말하고 싶다. 서울혁신파크라는 공간에서 실험이 가능토록 도와주신 입주 단체들과 서울혁신센터 관련 직원들도 감사드려야 할 분들이다.

끝으로 어려운 내용을 알아보기 쉬운 책으로 펴내주신 송주영 대표님을 비롯한 출판사분들께도 감사를 표한다. 앞으로도 책을 통해 환경에 대한 해법을 찾고 관심을 북돋우는 일에 언제나 함께해주실 것을 믿어 의심치 않는다.

녹번동 서울혁신파크에서
대안에너지기술연구소 강신호

차례

들어가며 우리는 플라스틱을 모른다 ·· 5

1 • 어떤 플라스틱이 문제일까

1. 지금은 플라스틱 시대 ·· 15
2. 어떤 플라스틱이 문제일까 ·· 18
   비닐봉지와 플라스틱 포장재
   두 얼굴의 합성섬유
   복합 플라스틱 제품
3. 폐비닐 대책 ·· 30
   비닐봉지 규제
   폐비닐류 배출 및 재활용
   재순환과 에너지회수

2 • 플라스틱 사회의 이면

1. 아무도 알려주지 않는다 ·· 41
   내용물이 아니라 '용기'의 정보
   플라스틱이 '열'을 만나면
2. 플라스틱이 쌓일 수밖에 없는 이유 ·· 44
   과대 포장의 시대
   내놓기만 하면 치워준다
3. 갈 길 먼 재활용 ·· 49
4. 플라스틱 제품의 일생 ·· 53

3 • 플라스틱 왜 등장했을까

1. 이상적인 소재, 착한 재료 ·· 61
   소재와 재료
   착한 재료
   비강도 Specific Strength
   제조성 Producibility
   내식성 Corrosion Resistance
   생분해성 Biodegradability
   자원 보존량 Abundance of Resource
   친환경성 Ecofriendliness
   경제성 Economics
   재활용성 Recyclability

2. 플라스틱은 과연 착한 재료인가 ·· 80

4 • 고약한 소재 플라스틱

1. 플라스틱이란 무엇일까 ·· 87
   액체, 기체, 고체는 어떻게 다를까
   기체를 고체로 바꾸는 마법: 중합 과정
   고분자는 엉킨 사슬들의 집합체

2. 고약한 신소재 ·· 98
   연소 자체가 위험하다
   생분해 불가능
   재활용이 어려운 소재
   첨가제는 플라스틱의 꽃?

3. 플라스틱 속의 독성물질 ··· 109
   감춰진 발톱
   플라스틱 첨가제 vs. POPs, EDCs

4. 합성화학물질이 환경에 미치는 영향 ································· 116
   자연이 만들지 않은 화학물질들
   환경호르몬 = 내분비계 교란물질 EDCs
   현재까지 알려진 POPs

5 • 어떻게 재활용할 것인가

1. 적극적 재활용 vs. 소극적 재활용 ……………………………………… 131
재활용의 미학
재활용의 종류
가정용 쓰레기 분리배출의 현주소
소극적 재활용
적극적 재활용
적극적 재활용으로의 전환
  ❶ 생산자의 적극적 재활용
  ❷ 소비자의 적극적 재활용

2. 닫힌고리 재활용 vs. 열린고리 재활용 ……………………………… 155
닫힌고리 재활용
열린고리 재활용
재활용의 효과 어떻게 알 수 있나
닫힌고리형과 열린고리형 재활용 효과 비교

3. 소각과 재활용, 과연 어디로 …………………………………………… 169
쓰레기인 것과 아닌 것의 차이
폐기물 에너지
쓰레기의 열적 처리
  ❶ 소각 Incineration
  ❷ 가스화 처리 Gasification
  ❸ 열분해 Pyrolysis
  ❹ 플라즈마 아크 가스화 PAG, Plasma Arc Gasification
  ❺ 해중합 Depolymerization
혐기성 소화 Anaerobic Digestion
호기성 소화 Aerobic Digestion
쓰레기 에너지화 소각, 과연 대안일까
  ❶ 열적 처리=소각
  ❷ 소각이 배출하는 것
  ❸ 국내외 소각장 갈등
  ❹ 적극적 재활용만이 해답

6 • 지속 가능한 플라스틱 사회

1. 어느 아파트 단지의 특별한 재활용 ················· 203

2. 순환경제 ·· 215
    지속 불가능함으로부터의 탈출
    대안을 제시하는 개념
        ❶ 성장의 한계 The Limits to Growth
        ❷ 자연 자본과 적정 기술
        ❸ 지속 가능한 생산과 소비
        ❹ 순환경제

3. 미래의 플라스틱 ·· 227
    재생 가능 플라스틱
        ❶ 바이오플라스틱
        ❷ 포집 온실가스 Captured green house gas 기반 원료
    바이오플라스틱의 종류
        ❶ 그룹1: 비생분해성 바이오플라스틱
        ❷ 그룹2: 생물성 기반 생분해성 플라스틱
        ❸ 그룹3: 화석연료 기반 생분해성 플라스틱
    바이오플라스틱의 장단점

4. 재활용 어떻게 할까 ·· 239
    인도 빈민가 다라비
    다라비의 재활용 산업
    프레셔스 플라스틱
    순환 가능한 플라스틱 포장재 사용법
        ❶ 소재의 단순성
        ❷ 재질의 균질성
        ❸ 분리가 쉬운 구조
        ❹ 식별 용이성

마치며 재활용만이 답이다 ································· 256

1

어떤 플라스틱이 문제일까

1. 지금은 플라스틱 시대

　생활 속에서 만나는 소재들 가운데 사람들의 추억과 연결된 것들이 많다. 언뜻 생각나는 실과 나무라는 소재를 예로 들어보자. 실에는 어떤 추억을 담을 수 있을까? 누군가 뜨개질로 옷을 뜬다면 자신이 입을 수도, 또 사랑하는 이에게 선물로 줄 수도 있다. 그것이 생계 수단이 됐든 취미가 됐든, 실은 마음과 열정을 담을 수 있는 소재로 쓰인다. 또 누군가는 나무를 자르고 붙여서 전통가구를 만든다. 용도별로 적당한 목재를 선택하고 선택한 나무의 성질에 따라 가공법을 달리 한다. 가구의 부위별로 재질과 무늬를 따져서 각재와 판재를 구별하고 보이는 면마다 문양을 다르게 새긴다. 지극정성을 다해 만들다 보면 가구 하나에 반년이 걸리기도 하고 일 년이 걸리기도 한다. 이때의 나무는 단지 재료에 그치는 게 아니라 삶을 교감하는 소재로서 의미를 지닌다.

이렇듯 누구에게는 실과 실타래가 특별한 소재이고, 또 누구에게는 나무가 그렇다. 정성 들이며 만들다 보면 쓸 때도 한없이 애착이 간다. 정성이 많이 담긴 것일수록, 또 의미가 깊게 새겨진 것일수록 오래도록 가까이하고 싶어진다. 소재를 찾아 활용하고 때론 고치며 쓰는 지혜를 배우는 과정 자체가 삶이다. 그래서 소재란 특별하다. 소재를 통해 꿈과 현실이 공존할 수 있다. 머릿속의 상상과 현실에서 마주하는 실체 간의 괴리도 담긴다. 과거의 선택과 미래의 이상이 서로 손가락을 내밀어 만나고 음미하는 매개물이다.

현대 사회는 물질만능의 시대이다. 소재에 담긴 의미나 가치보다, 필요할 때 손이 닿는 거리에 있어야 유용하고 효율적이라 한다. 빨리 만들어 쓰고 금세 싫증을 내며 바로 최신 버전으로 업그레이드하는 게 대세이다. 전통이나 관습은 그다지 우선순위가 높지 않다. 굳이 집 안에 쌓아두고 살고 싶지도 않아서, 비우고 싶을 때 비우고 들이고 싶을 때 들인다.

모든 물질은 나의 존재와 편익에 도움이 될 때만 의미가 있다. 내가 주도적으로 소재를 찾지 않아도 된다. 누군가 제품으로 만들어서 마트에 전시해놓은 것을 발견하는 데에서 만족을 찾는다. 그 제품은 늘 똑같은 소재이고 디자인이어서 자신의 아이디어가 개입할 여지는 애초부터 없지만, 그런 것에 개의치 않는다. 마음이 동하면 돈을 지불하고 사서 쓰면 그만이다. 값도 하찮을 정도로 싸서 한 번만 쓰고 버리는 것에 대해 그 누구도 미안해하거나 부담을 느끼지 않아도 된다. 재료를 소모한다는 것에 대한, 귀중한 자연 자원이 줄어든다는 것에 대한 의미는 색 바랜 흑백사진과도 같은 것이다. 애쓰고 정성 들여 만들지 않아도 되는 경박함의 시대에 물질주의는 끝없이 뻗어나갈 듯 날개를 펼치고 있다. 지금은 한 번만 쓰고 버려도 언제든지 다시 구할 수 있는 플라스틱의 시대이다.

2. 어떤 플라스틱이 문제일까

| 비닐봉지와 플라스틱 포장재 |

플라스틱은 지극히 산업적 소재이다. 공장에서 장비를 이용해야만 생산해낼 수 있는 소재이다. 만드는 과정부터가 그렇다. 나프타로부터 원료를 추출해서 중합체를 만든다. 이 중합체는 다시 작은 알갱이(펠릿이라 부른다)로 가공해서 플라스틱 제품 제조 공장으로 보낸다. 제조 공장에서는 자동화된 대형 설비와 시스템을 갖추고 있다. 기계에 공정 조건을 입력하고 원료를 넣은 뒤 가동한다. 샘플을 찍고 이상 유무를 체크한 뒤 문제가 없으면 본격적으로 생산을 시작한다. 여기서부터는 기계가 알아서 제품을 뽑아낸다.

일회용 페트컵을 생산하는 공정을 상상해보자. 내가 참관한 사출기계는 컴퓨터로 제어되는 최신 모델이었다. 기계는 완벽히 프로그램되어 있다. 사출 방식으로 한 번에 여러 개의 완성품을 순식간에 성형한다. 사출은 말 그대로 녹은 플라스틱 수지를 금형 내부로 순식간에 주입해서 금형의 모양대로 채워진 플라스틱을 굳히는 것이다. 정밀한 형상을 대량으로 찍어낼 수 있어서 플라스틱 제품에 필수적인 공정이다.

내가 지켜본 컵 사출 공정은 정확하게 6.5초마다 여섯 개씩의 컵이 나왔다. 사출기계의 위로 치솟은 로봇 팔이 있고, 그 끝엔 돌출된 여섯 개의 흡착판 지그가 있어서, 금형에서 나오는 여섯 개의 컵을 한 번에 흡착한 다음 컨베이어 테이블에 올려놓는다. 이렇게 본다면, 거의 1초에 컵 하나가 뚝딱 나오는 셈이다. 유튜브에는 다양한 플라스틱 제품 공정을 보여주는 동영상 자료가 많으므로 궁금하다면 검색해보기 바란다.

비닐봉지(PVC의 원래 이름인 폴리염화비닐을 줄인 단어이다. 우리나라에서는 플라스틱 필름류를 비닐이라고 부른다. 외국에서는 플라스틱 백이라 불러야 알아듣는다)를 만드는 공정은 크게 두 부분으로 나뉜다.

먼저 원료 플라스틱 수지를 뜨겁게 가열된 공급기를 거쳐 금형으로 밀어넣는다. 금형은 입구가 좁은 절구 같은 모양이다. 녹으면서 밀려 올라온 수지는 속이 빈 원통 모양인데, 이것을 위로 잡아올려 맨 위쪽 두 개의 롤러 사이로 통과시킨다. 금형에서 빠져나오는 동안, 점점 자라 올라가던 원기둥 속에 공기가 채워지면

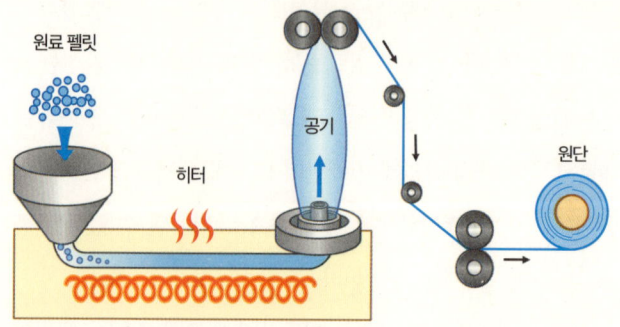

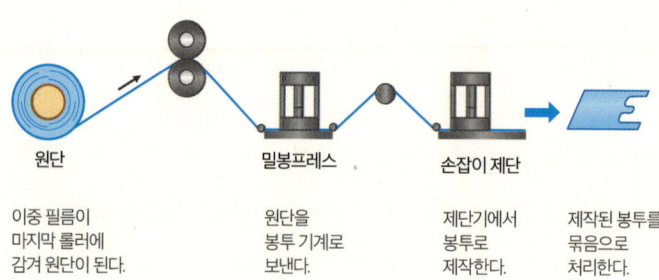

그림1 비닐봉지 제작 과정

이러다 지구에 플라스틱만 남겠어

서 풍선처럼 점점 더 크게 부풀려진다. 이렇게 부푼 원기둥의 지름을 일정하게 유지해주면 필름의 두께가 결정된다. 원기둥의 꼭대기에는 돌아가는 두 개의 롤러가 풍선의 끝을 합쳐주고 다음 롤러들로 보낸다. 롤러들을 지나는 동안 팽팽하게 유지되던 얇은 이중 필름은 마지막 롤러에 감긴다. 이렇게 감기고 나면 이중 필름 원단이 된다. 이 원단은 봉투를 만드는 공정으로 보내진다. 봉투를 만드는 기계의 시작은 바로 이 원단 롤이다.

여러 단계의 롤러를 거치면서 팽팽하게 풀리던 원단 비닐필름은 마지막 단계에서 열선과 칼날이 달린 프레스가 일정한 간격으로 찍어준다. 그러면 이중 필름의 한쪽이 봉인되면서 잘린 형태의 봉투가 재단된다. 이제 봉투들이 일정 수량으로 모이면 작업자가 묶음 처리할 수 있다. 이때 봉투 한 장이 만들어지는 시간은 얼마나 걸릴까? 기계의 자동화 정도에 따라 다르겠지만, 재래식 기계는 초당 2장, 최신 기계는 초당 3~6장을 찍어낸다.

이렇게 기계로 찍어낸 비닐봉지는 만들어질 때 걸렸던 시간만큼이나 짧은 시간 쓰였다가 버려진다. 물건의 수명은 만들어질 때 걸리는 시간에 비례하기라도 하는 것 같다. 만드는 과정이 길수록 오래 쓰고, 짧을수록 쉽게 버려진다. 이렇게 쉽게 버려지는 일회용 플라스틱들이 문제의 근원이 되고 있다. 바다에 떠다니는 플라스틱 오염물질은 80%가 도시에서 배출된 쓰레기들이 떠내려와 모인 것이다. 대부분 포장재와 식품용기, 일회용품, 비닐봉지들이다. 나머지 20%는 선박에서 버린 쓰레기이거나 어업 도구들

해양 플라스틱 오염의 문제

이다. 비닐봉지와 포장재, 일회용품은 쉽게 만들고 단시간에 버려져 바다를 오염시킬 뿐만 아니라 귀중한 천연자원을 소모하는 결과를 초래한다. 저절로 분해되지 않는 쓰레기로의 여정이 얼마나 길지, 그 여정 중간에 회복할 수 없는 피해를 남기지는 않을지 아무도 모른다.

ㅣ 두 얼굴의 합성섬유 ㅣ

바다와 강물을 오염시키는 주범으로 일회용기나 포장용 비닐, 비닐봉지가 집중적인 주목을 받고 있는 동안, 몰래 미세 플라스틱을 배출하고 있던 주인공이 있다. 바로 우리가 입고 있는 합성섬유이다. 실상은 이렇다. 플라스틱 산업이 호황을 이루면서 합성섬유 산업도 덩달아 커져왔다. 나일론이나 폴리에스테르, 레이온 등의 상표로 알려진 합성섬유는 2017년 세계 섬유산업의 64.2%를 차지할 정도로 큰 비중을 차지한다. 나머지 시장을 면^{cotton} 24.1%, 목질계 섬유^{cellulosics} 6.2%, 울^{wool} 1.1%, 기타 자연섬유 4.4%가 세분하여 차지하고 있다. 현대인이 입고 있는 대부분의 옷감은 대략 3분의 2 정도가 합성섬유이거나 혼합직물에 해당한다고 보면 된다.

이렇게 합성섬유 제품을 많이 만들고 또 입다 보면, 세탁할 때 떨어져 나오는 입자만 해도 그 양이 엄청나지 않을까 싶다. 매크로플라스틱만 접하다가 마이크로플라스틱의 세계를 보려고 하면 언뜻 잘 그려지지 않는 게 사실이다. 옷을 입고 다니다가 옆 사람의 가방 모서리에라도 스치면 미세하게나마 깎이는 섬유 조각들, 그것이 마이크로 섬유 조각이다. 나만 그런 게 아니라 거리를 걷는 모든 사람에게서 아주 미세한 플라스틱 조각이 떨어지고 있다고 상상하는 건 실로 끔찍하다.

다행히 인간의 감각기관은 그 정도 미세한 크기의 물질은 금방 알아채지 못한다. 이 입자들이 금세 분해될 수 있거나, 미생물들이 먹을 수 있거나 하면 전혀 문제가 되지 않을 수 있다. 그러나 전 세계 옷의 3분의 2가 합성섬유이고, 입는 동안에 떨어져나간 섬유 조각들이 썩지 않고 있다면, 도대체 어디에 모여 있었을까?

바로 강물과 바닷속이다. 과학자들 또한 이런 상상을 누군가는 해온 터여서, 2000년대에 들어서면서 바닷물 속 마이크로플라스틱의 성분을 추적하는 연구가 이어졌다.

2016년에 영국 플리머스 대학교 해양생물생태학연구센터의 이모젠 내퍼$^{Imogen Napper}$ 등이 발표한 논문에 따르면, 이들은 폴리에스터-면 혼방, 폴리에스터, 아크릴 섬유 3가지 직물로 만든 기성복을 세탁기로 일정 시간 세탁한 뒤 무게 감소가 얼마나 일어나는지를 측정했다. 모두 5회 세탁을 해본 결과, 폴리에스터만으로 만든 옷의 감량률이 최대 2.75mg/회로 가장 많았고, 혼방인 경우 0.25~0.5mg/회로 가장 적었다. 세탁할 때마다 옷의 무게가 조금씩 줄어들면서 직물 조각이 꾸준히 떨어져나간다는 것을 확인한

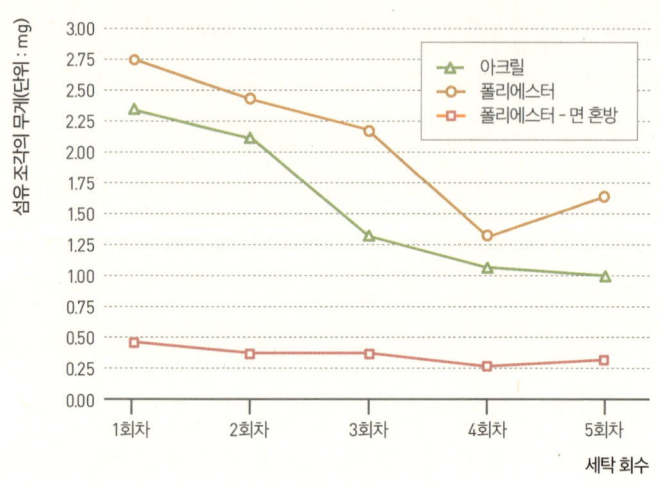

그림 2   섬유에 따른 세탁물의 무게 감량률

결과이다. 그림 2는 그 결과를 보여주는 그래프이다.[1]

이러한 실험은 다른 연구자들에 의해서도 시도되었고 그 결과 또한 마찬가지였다. 하트라인의 실험에서는[2] 합성섬유로 만들어진 재킷을 세탁기로 세탁할 때 매번 평균 1,174mg의 마이크로 섬유가 빠져나왔다. 세탁 후 하수처리장에 모인 오수에 마이크로 섬유는 최대 40% 정도가 걸러지지 않은 채 강을 통해 바다에 합류하는 것으로 조사되었다. 〈가디언〉이 인용한 다른 논문에서는[3] 전 세계 해안의 바닷물에서 발견되는 인공 파편들의 85%가 합성제품에서 나온 마이크로 섬유 조각인 것으로 밝혀졌다. 게다가 인구밀도가 높은 지역의 바닷물일수록 더 많은 마이크로 섬유를 함유하고 있었다.

마이크로 섬유의
하수 유입 조사 결과

그림 3   시판되는 주방용 수세미

    내륙의 호수도 예외는 아니었다. 미국에서는 5대호로 흘러드는 지류를 조사해보니, 걸러지는 플라스틱 중 71%가 마이크로 섬유 제품이었으며, 이는 플라스틱 조각이나 펠릿 함유량을 훨씬 초과한다는 보고도 있다.◦ 이 실험 결과들은 한결같이 세탁할 때마다 합성섬유 옷감으로부터 마이크로 섬유 조각들이 떨어져 나오며, 마지막엔 바다와 강물에 축적되고 있다는 사실을 단적으로 보여준다.

    합성섬유로 옷만 만드는 것이 아니다. 담요나 시트 커버, 커튼 등 일상생활 공간의 어디든 쓰이지 않는 곳이 없다. 특히 주방의 경우, 수세미나 행주로도 많이 쓰인다. 그릇의 표면과 마찰을 일으켜서 이물질을 닦아내는 데 쓰는 주방 수세미의 대부분은 아크릴 등 합성섬유 제품이다. 설거지하는 동안 이 수세미들이 닳지

미국 5대호로 흘러드는 플라스틱 조사 결과

1 · 어떤 플라스틱이 문제일까   25

않는다고는 아무도 이야기하지 못할 것이다.

국내 인터넷 사이트에서 합성섬유 수세미에 대해 평가한 글을 찾을 수가 있었다. 그중 눈에 띄는 내용을 인용하면, 아크릴 수세미가 친환경으로 부각되었던 것은 2005년 전후였다고 한다. 현재 판매하고 있는 주방용 수세미의 대부분이 폴리우레탄이나 아크릴, 폴리에스테르 등의 합성섬유 제품이다. 한때 아크릴실로 수세미 뜨기가 유행한 적이 있는데, 아마 친환경적일 것으로 기대됐고 값도 싸기 때문일 것이다. 하지만 기대와는 달리 기름기가 붙으면 잘 떨어지지 않는 플라스틱의 특성 때문에 오히려 비위생적이라는 점을 지적하고 있다.

예전에 우리가 사용한 수세미용 소재들은 주로 식물성이었다. 볏짚이나 건초 줄기를 뭉친 것들, 또는 수세미 오이라는 열매 속 섬유질을 이용해왔다. 이런 소재들은 모두 유기물이어서 자연적으로 분해 흡수되니 문제될 게 없었다. 물론 이들 식물 소재의 수세미는 오염되면 세균이 많이 낀다는 단점이 있다. 플라스틱 소재로 눈을 돌리게 한 이유다. 그러나 합성섬유 선택이 결코 현명하지 않았다는 사실을 깨닫는 데는 그다지 오랜 시간이 걸리지 않았다.

우리나라 합성섬유
수세미에 대한 평가

| 복합 플라스틱 제품 |

　재활용을 어렵게 하는 제품 중에는 여러 재질의 부품들을 모아서 하나의 제품으로 완성한, 소위 복합 플라스틱 제품이 있다. 대표적인 예가 생활용품과 어린이용 플라스틱 장난감이다. 물론 플라스틱 재료 자체의 화학적 안전성을 감안해도 플라스틱 장난감은 피하는 것이 좋다. 그러나 시중에서 볼 수 있는 대부분의 장난감이 플라스틱이나 합성고무와 같은 합성 화학 제품으로 만들어지고 있는 게 현실이다.

　자동차 장난감을 예로 들어보자. 바퀴가 달려서 굴러갈 수 있는 장난감이라면 바퀴와 바퀴를 연결하는 금속으로 된 축이 있을 것이다. 바퀴의 원주 면엔 고무링이 끼워져 있어서 바닥에 미끄러지지 않게 되어 있다. 바퀴 축은 자동차의 하부 몸체에 끼울 수 있게 되어 있다. 그리고 축의 중간에는 윤활유가 발라진 작은 플라스틱 기어가 있어서 모터의 기어와 맞물린다. 모터의 전선은 배터리와 연결된다. 자동차 상부 몸체는 알록달록한 색이 들어가 있는 PS 또는 PVC 플라스틱일 가능성이 크다. 플라스틱 재질을 이렇게 추측하는 것은 아무런 재활용 마크나 기호를 찾아볼 수 없기 때문이다. 상하부 몸체를 붙여서 고정하기 위한 작은 금속제 볼트들도 있다. 아, 빠진 게 있다. 몸체에는 이 차의 이름이 멋지게 새겨진 종이 스티커가 앞뒤에 붙어 있다.

　도대체 모두 몇 개의 재료가 이 자동차 하나를 구성하고 있

어린이용 플라스틱
장난감에 대하여

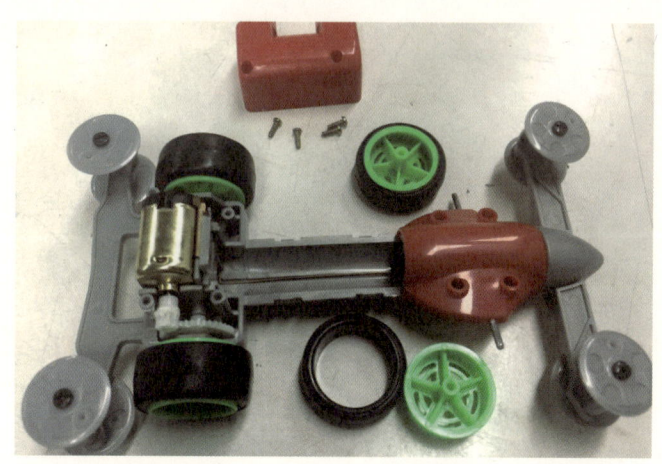

그림 4 여러 가지 재질로 만들어진 플라스틱 제품

을까? 플라스틱(한 종류만 있다 치자), 금속제 바퀴 축, 모터(이 자체도 복합체이다), 전기선, 배터리, 작은 볼트, 고무, 스위치, 배터리 단자(구리), 기어에 발라진 고체 윤활제(그리스) 등 최소 10가지이다. 이 장난감 자동차가 아이들의 친구가 되어서 함께 놀 때는 구성품 개수만큼이나 많은 꿈과 상상력을 아이에게 심어주었을 것이다. 그렇지만 정작 용도가 다 되어서 쓰레기통행이 될 때는 전혀 다른 문제를 세상에 남겨주게 된다.

　이런 복합 플라스틱 제품은 재활용이 어렵다. 앉아서 일일이 분해하기도 힘들고, 그럴 만한 인력을 동원할 여유도 없다. 그러잖아도 재활용 시장은 수지가 나는 사업이 아니다. 기껏 분해한다 한들 재질을 다 구분할 수 있는 게 아니다. 한두 개만 이런 것이 아니라 거의 모든 장난감이 다 이렇다 보니, 결국 이런 혼합 플라스틱 제품은 그냥 재활용 불가 쓰레기로 분류할 수밖에 없다.

일반 생활용품이나 주방용품 중에도 금속과 플라스틱을 붙여서 만든 것들이 많다. 붙였더라도 분해가 쉬우면 분리해서 배출할 수 있을 텐데 전혀 그런 구조가 아니다. 이런 것들이 한둘이 아니다. 철에 붙은 복합물은 철 위주로 재활용되기 쉽다. 철의 단가가 더 비싸기 때문이다. 여기서 분리된 플라스틱은 태우거나 매립해야 한다. 결국 복합 플라스틱류는 이래저래 재활용 불가 품목이 된다. 따라서 복합 플라스틱 제품을 그냥 매립할 게 아니라 재활용 프로그램 안에 포함하고 싶다면 다음과 같은 원칙들이 반영되어야 한다.

첫째, 플라스틱 부품에는 반드시 재활용 식별 마크를 새길 것. 어떤 종류의 플라스틱인지를 쉽게 식별할 수 있도록 하지 않으면 애써 분리해놓아도 쓸모가 없게 된다.

둘째, 가급적 분해할 수 있는 구조로 제품을 디자인할 것. 플라스틱 속에 금속 부분이 매립되는 접합 방식은 정상적인 분해를 어렵게 하여 재활용을 아예 포기하게 만든다.

셋째, 가능한 한 섞이는 이종 재질의 종류가 많지 않도록 한다. 섞이는 재질이 복잡하면 할수록 버려야 하는 것이 늘어난다.

넷째, 다 쓴 뒤 배출할 때는 분해를 원칙으로 한다. 최대한 분해해서 재료별로 재활용 봉투에 넣는 것만으로도 자원순환의 확률을 높인다.

3. 폐비닐 대책

| 비닐봉지 규제 |

생산이나 구매 단계에서 일회용 비닐봉지를 비롯한 포장재를 가급적 안 쓰는 것이 최상이다. 그러나 규제 없이 자발적으로 안 쓰기는 쉽지 않다. 원치 않더라도 어쩔 수 없이 발생하는 비닐봉지나 비닐포장재를 어떻게 할 것인가도 관건이다. 세계 여러 나라가 추진하고 있는 비닐봉지 정책 또한 갈수록 엄격해지고 있다. 좀 더 효과적이면서 현실적인 방법을 찾느라 고민을 거듭한다.

교육과 자발적인 실천은 중요하다. 그러나 금지와 수수료 부과만큼 일회용품 사용을 억제하는 데 효과적이지는 않다. 많은 나라가 일찌감치 비닐봉지 사용을 금지하거나 수수료를 부과하고 있다. 이를테면 우리나라의 종량제도 쓰레기 배출량에 부과하는 수수료 제도의 한 예이다. 더 많은 국가와 지자체가 여기에 동참하게 함으로써 근본적으로 일회용품 사용을 억제하는 효과를 얻을 수 있다. 비닐봉지에 한해서는, 2002년 방글라데시와 인도 이후 많은 나라가 금지와 수수료 부과에 동참하고 있다.

방글라데시는 2002년에 비닐봉지를 완전히 금지한 첫 국가였다. 2019년 8월 1일 기준 전 세계 70개국이 완전 금지를, 33개국이 수수료 부과 조치를 취하고 있다. 우리나라는 1995년부터 쓰레기 종량제를 시행하고 있고, 2003년부터는 비닐봉지에 비용을 부과하게 했다. 그러다 2019년 1월부터는 비닐봉지 무상 제공을 금지하는 법이 시행되고 있다. 그러나 아직은 일정 규모 이상의 매장으로 제한하고 있고, 그나마도 속 비닐은 허용하고 있다. 최대한 빠른 시일 내에 일회성 비닐봉지를 전면적으로 금지할 필요가 있다. 대신 대체 포장재로 종이나 천 장바구니 등의 사용을 활성화해야 한다. 꼭 필요한 곳은 재활용을 고려해서 일정한 재질과 디자인으로 만들어진 규격 비닐봉지를 쓰도록 한다.

| 폐비닐류 배출 및 재활용 |

우리나라의 분리배출 체계는 다른 나라들에 비해 잘된 편이다. 그러나 지나치게 소비자 편익 위주이다. 소비자는 그냥 분리해서 일정 장소에 버리기만 하면 모든 게 해결된다. 종량제 봉투

비닐봉지 사용금지에 관한
세계적 조치

구입에 지불하는 수수료 외에는 조금도 부담을 갖지 않아도 된다. 그렇지만 이런 방식은 포장용 비닐류나 각종 일회용품의 사용을 줄이기는커녕 오히려 부추기는 역효과를 가져온다. 배출량을 줄이도록 유도하는 다각적인 대책이 필요하다.

플라스틱 비닐류를 모으는 절차는 어떤 방식으로 재활용하는가에 따라 달라질 수밖에 없다. 비닐을 녹여 플라스틱 원료로 재순환하기 위한 목적이라면 비닐 배출단계부터 좀 더 세분화되고 엄격한 절차가 필요하다. 즉 비닐을 종류별로 일일이 구분해야 한다. 그렇지만 녹여서 고형연료제품$^{SRF,\ solid\ refuse\ fuel}$으로 만들거나, 열분해 공정을 통해서 액체연료를 뽑아내는 에너지회수 재활용을 목표로 한다면 까다롭지 않아도 된다. 그냥 다 섞어서 모으면 된다. 모든 비닐을 뭉뚱그려 담아서 내놓으면 되므로 소비자로서는 식은 죽 먹기이다.

그래도 지켜야 할 것이 있다. 비닐만 분리배출하려면, 스티커 등 이물질을 제거하고 음식물이 묻어 있으면 물로 헹군 뒤 투명한 비닐봉지에 모아 담는다. 봉투가 차면 흩날리지 않도록 입구를 잘 묶어서 내놓는다.

기본적으로 비닐류의 수집에는 다음과 같은 어려움이 따른다. 우선 바람에 잘 날린다. 도로나 주택가 여기저기에 보이는 쓰레기가 주로 이런 얇은 비닐류이다. 게다가 비닐포장재의 경우, 음식물 찌꺼기가 그대로 묻어 있는 경우가 태반이다. 심지어 비닐봉지에 영수증 조각이나 광고지 같은 것도 그대로 들어 있어서 기계에 넣고 분쇄했다가는 낭패를 볼 수가 있다. 현재 제도와는 거리가 있지만, 비닐을 연료로 태울 것이 아니라 플라스틱 원료로 재순환을 하겠다면 배출방법이 달라져야 한다.

첫째, 버려야 할 비닐에서 재활용 식별 마크를 찾는다. PE, LDPE, HDPE는 모두 재순환할 수 있다. 재활용 마크가 식별이 안 되면 우선 표면을 관찰하고 비닐끼리 문질러본다. 비닐 표면에서 금속성의 광택이 나거나, 문질렀을 때 부스러지는 듯한 소리가 나면, PS나 PP 등 다른 재질일 가능성이 크므로, 다른 수거 봉투에 모은다.

둘째, 생분해성 비닐은 아예 포함하지 않는다. PLA와 같은 바이오플라스틱이 여기에 해당한다. 생분해성 비닐은 별도로 모은다.

셋째, 비닐봉지나 포장용 비닐에 음식물이 묻어 있으면 깨끗이 씻어서 말린 후, 배출 봉투에 담는다.

넷째, 일정량이 모이면 비닐류 수집 거점으로 가지고 간다.

현재 우리나라의 플라스틱 필름류 재순환은 에너지회수 분야에 비해 큰 비중을 차지하고 있지 않다. 그 이유는 단가가 맞지 않아서이다. 이 방식이 활성화되기 위해서는 우선 재활용 배출되는 비닐류를 회수하기 위한 거점을 확보해야 할 것이고, 관련 산업계가 존재해야 한다. 북미나 유럽의 여러 나라에서 비닐포장재를 많이 쓰는 소매업자, 상점, 슈퍼마켓들을 수집 거점으로 삼고 있다. 마치 공병을 회수하는 방식과 같다고 보면 된다.

| 재순환과 에너지회수 |

폐비닐류는 어떻게 재활용할 수 있을까. 여기에는 물질로 다시 활용하려는 방식과 연료로 활용해서 에너지를 회수하려는 방식 두 가지가 있다.

첫째, 플라스틱 원료로 재순환하는 방식이다. 이런 방식을 물질적 재활용이라고 하며 폐플라스틱을 다시 플라스틱 원료로 재순환하는 것으로 닫힌고리 방식과 열린고리 방식이 있다.

폐플라스틱을 플라스틱 원료로 재탄생시켜서 동등한 품질이나 다소 저품질이라도 어떻게든 플라스틱 포장재로 만들어내는 방식이다. 예를 들면, 상태가 좋은 PE계 비닐은 분쇄→세정→용융→펠릿화를 통해서 다시 PE계 원료제품으로 만드는 과정으로 순환시킨다. 이것을 닫힌고리 재활용 closed loop recycling이라 한다. 이와는 달리 재활용이 쉽지 않은 PP나 PS 비닐류 등은 톱밥과 섞어서 금형에서 굳혀서 인공 목재로 만들어 쓴다. 주로 등산로의 난간이나 데크, 벽돌, 보도블록 등을 만드는 재료로 쓰인다. 건축재로 장기적으로 쓸 수 있으므로 바람직한 방법이다. 말뚝이나 지지대, 계량기함 등 질은 다소 떨어지더라도 상관없이 쓸 수 있는 플라스틱 제품을 만들어 시장에 내놓는다. 이것이 열린고리 재활용 open loop recycling 방식이다. 이 재활용 방식에 대해서는 뒷장에서 좀 더 이야기하고자 한다.

에너지로 회수하는 방식에 대해서는 논란이 있다. 폐플라스

플라스틱 원료의 재순환		에너지회수 재활용	
닫힌고리 방식	열린고리 방식	직접연료화	고형연료화
폐플라스틱 → 분쇄 → 세정 → 용융 → 펠릿화 → 원래와 동일한 원료제품	PP나 PS 비닐류+톱밥 → 금형 → 인공목재 등 원래보다 질이 떨어지는 제품	폐플라스틱 조각을 석탄과 함께 직접 태움	PS, PVC 등에는 독성이 있어 절대 태우면 안 됨

표1 재순환과 에너지회수

틱을 직접 태우든, 열분해해서 가스 성분을 추출하든, 아니면 고형연료를 만들든 피할 수 없는 논란은 공기오염 문제이다. 태우면 땅에 묻지 않아서 좋을지 모르나, 대기오염은 피할 수 없다. 국가마다 고형연료를 재활용으로 인정하는 나라도 있지만 그렇지 않은 나라도 있다. "태우는 것은 폐기물(일차 사용 후 더 이상 쓸모가 없거나 결함이 있어서 버려야 하는 물질이나 물건)을 땅 대신 하늘에다 매립하는 것이다"라는 주장도 있다. 에너지회수 재활용 방식에 대해서도 뒤에서 좀 더 자세히 다루겠다.

둘째, 폐플라스틱이나 가연성 쓰레기를 잘게 부순 뒤 고형연료로 만들어서 발전소나 열병합 시설의 연료로 사용한다. 이는 우리나라에서 많이 활용하고 있는데, 물질적 재활용과 구분하여 에너지회수 재활용이라고 한다. 에너지회수 재활용은 직접 연료 방식과 고형연료화 방식 두 가지로 나뉜다. 직접 연료 방식은 폐플라스틱 조각들을 성형하지 않은 채 석탄과 함께 직접 태우는 방식이다. 고형연료화 방식은 분쇄하고 녹여서 펠릿 모양으로 성

위의 링크에서 제공하는 보고서에 관련 언급이 있다.

종류	제조 원료	제조 형태
SRF	• 생활 폐기물(음식물쓰레기 제외) • 폐합성수지류(자동차 파쇄 잔재물 ASR 제외) • 폐합성섬유류 • 폐고무류(합성고무류 포함) • 폐타이어	펠릿으로 성형 또는 비성형
Bio-SRF	• 폐지류 • 농업 폐기물(왕겨, 쌀겨, 옥수수대 등 농작물 부산물) • 폐목재류(철도 폐침목, 전신주 제외) • 식물성 잔재물(땅콩 껍질, 호두 껍질, 팜 껍질 등) • 초본류 폐기물	펠릿으로 성형 또는 비성형

표 2 고형원료제품의 종류와 제조 형태

형해서 고형연료제품으로 만든 것을 태우는 것이다. 이는 어떤 종류의 쓰레기를 가지고 만드는가에 따라 일반고형연료제품^{SRF}과 바이오고형연료제품$^{Bio-SRF}$으로 나뉜다.

일반고형연료제품이 되는 물질에는 음식물쓰레기를 제외한 생활 폐기물, 폐플라스틱류, 폐합성섬유류, 폐고무나 폐타이어류 등이 있다. 이들은 재생이 가능하지 않은 비생물성 쓰레기이므로 이를 비재생 SRF라고도 한다. 이와는 달리 바이오고형연료제품이 될 수 있는 물질에는, 폐지류와 농업 폐기물, 폐목재류, 식물성 잔재와 초본류가 있다. 모두 생물성이며 연소되더라도 탄소중립을 유지하는 재생에너지원이라 할 수 있다. 표 2는 고형연료제품의 종류와 제조원료를 보여준다(환경부 보도자료 2017. 9. 22).

폐기물 재생 연료:
폐자원에서 에너지로 전환

미주

1. I. E. Napper, et al. Release of synthetic microplastic plastic fibres from domestic washing machines: Effects of fabric type and washing conditions, Marine Pollution Bulletin, 2016, vol.112, pp.39-45.
2. N. L. Hartline, et. al., Microfiber Masses Recovered from Conventional Machine Washing of New or Aged Garments, Environmental Science & Technology, 2016. Vol. 50, No.21, pp.11532-11538
3. M.A.Browne, Accumulations of microplastic on shorelines worldwide: sources and sinks, Environ. Sci. Technol., 06 September 2011

2
플라스틱 사회의 이면

1. 아무도 알려주지 않는다

| 내용물이 아니라 '용기'의 정보 |

혹시 마트에서 생수를 샀을 때, 페트병 사용법에 대해 안내하는 문구를 본 적이 있는가. 음식물을 담기 위해 구입한 플라스틱 제품에서 환경호르몬이나 유해물질의 용출 가능성에 대한 경고문을 본 적이 있는가. 내 주방에서 쓰는 플라스틱 컵의 주성분이 무엇이고, 어떤 첨가제가 들어갔는지 알리는 성분표를 본 적이 있는가.

아쉽게도 우리의 플라스틱 제품에서는 이런 정보를 발견할 수가 없다. 아무도 가르쳐주지도, 알려고 하지도 않는다. 용기 안의 내용물 성분이나 저장 방법 등에 대한 자세한 정보는 있지만, 정작 음식물을 담은 플라스틱 용기 자체에 대해서는 아무런 정보가 없다. 그나마 플라스틱 제품인지를 알게 해주는 건 재활용 마크뿐인데 이 지점에서 우리의 궁금증은 더 이상 나아가지 않는다. 어떻게 보면 참 일방적이고 무서운 제품 서비스이다. 화학물질인데다 때론 독성 약품을 섞어서 만드는 용기임에도 기본적인 정보조차 알지 못한 채 소비자들은 구매를 강요받은 것과 다름없다.

| 플라스틱이 '열'을 만나면 |

플라스틱 원료는 화학 공정을 거쳐서 펠릿 형태로 만들어진다. 이 원료 플라스틱 펠릿은 다시 열을 가해서 녹이고 형틀에 짜 넣거나 불어서 채운 다음 굳혀서 제품이 된다. 플라스틱들은 재질에 따라 편차가 있지만 대략 120~250℃ 사이에서 녹기 시작한다. 이 정도는 가정집에서 조리하는 동안 충분히 다다를 수 있는 온도이다. 이런 온도에 노출된 플라스틱의 고체 조직에 과연 아무 일도 생기지 않을까. 페트병이나 일회용 컵에 뜨거운 물을 부으면 안 된다는 것쯤은 경험적으로 알고 있다. 금방 말랑말랑해지면서 모양이 변하기 때문이다. 이와 달리 열경화성은 한번 성형되고 난 이후에는 열에 의해 연화되지 않는다. 컵, 국그릇, 숟가락과 젓가락, 재떨이 등 비교적 높은 온도의 내용물을 담거나 운반할 때 쓰인다. 하지만 눈에 띌 정도로 모양이 변하지는 않았다

각종 열가소성 플라스틱의 녹는 온도에 관한 정보

해도 화학 성분이 녹아 나오지 않는다는 보장은 그 누구도 할 수 없다.

　뜨거운 짬뽕 국물을 덮는 투명한 비닐랩은 12.7μm의 두께로 만들어진 필름이다.❂ 평균 두께가 75μm인 사람의 머리카락 굵기보다도 얇다. 이렇게 얇은 플라스틱 랩이 유통되기 시작한 80년대 초에는 PVC를 썼다. 그런데 이 PVC에는 염소chlorine 성분과 프탈레이트phthalate라는 가소제가 들어 있음이 알려졌다. PVC는 염소 때문에 유해 성분이 나와서 태울 수 없고 재활용도 되지 않는다. 프탈레이트는 환경호르몬을 방출한다. 그러다가 1986년도부터는 PVC랩의 유해성을 부각되면서 업계 간 광고 전쟁이 벌어지고 정부 당국의 검토를 촉구하는 기사가 나오기 시작했다.[1]❂ 그럼에도 정작 PVC랩을 음식물 포장에 쓰지 못하도록 규제화가 시작된 것은 2005년에 와서이다.❂ 사전 정보도 없이 사용해온 PVC랩으로 인해, 이미 사람들의 건강이 25년도 넘게 위협당하고 난 뒤였다.

　그렇다면 지금은 사정이 달라졌을까? 그렇지 않다는 데 문제가 있다. 여전히 우리는 새로운 플라스틱 제품을 구매할 때 구체적인 정보를 찾아볼 수가 없다. 다양한 방법으로 개조된 플라스틱 용기들이 화학적으로 얼마나 안정적인지 여전히 미지수인 채 매장 진열대에 놓여 있다. 소비자들은 편리함과 세련된 디자인, 그리고 싼 가격에 매료되어 관성처럼 아무런 의심 없이 플라스틱을 자신들의 삶 속으로 들여온다. ⊘

여기에 Plastic wrap를 입력하면 제품과 관련한 상세정보가 나온다.

환경운동연합의 1994년 기사

"짜장면 시켰을 때 둘러싸는 랩…태울 수도 없는 'PVC랩'입니다" 조선일보, 2018. 5. 23.

2 · 플라스틱 사회의 이면

2. 플라스틱이 쌓일 수밖에 없는 이유

| 과대 포장의 시대 |

소비자가 구매를 할 때 원하는 상품 외에도 포장재들이 덤으로 따라온다. 개별 포장재도 있지만 여러 상품을 함께 담은 비닐봉지도 같이 온다. 상품을 개봉하는 순간 포장재와 비닐봉지는 쓰레기가 되고 만다. 다시 쓸 수도 없다 보니 그때그때 버려야 한다. 참 불편해지는 순간이다. 어떤 때는 구매한 상품보다 포장재 쓰레기가 더 많을 때도 있다. 과대 포장인 경우이다. 이 과대 포장은 세계적으로 문제이다. 플라스틱 포장재의 가격이 터무니없이 싼 가격으로 거래되는 것이 틀림없다. 그렇지 않고서야 플라스틱으로 상품을 온통 둘러쌀 이유가 없다.

불행하게도 이 추리는 맞아떨어진다. 해외의 자료를 찾아보니 플라스틱 포장 소재가 친환경 소재보다 훨씬 싼 것으로 조사되어 있다. 햄버거 포장 용기의 경우, 폴리스티렌 상자보다 사탕수수로 만든 상자는 1.8배가, 종이 상자는 2.4배가 더 비쌌다. 일회용 포크의 경우 흰색 플라스틱 포크보다 식물성 녹말 포크는 3.5배가 더 비쌌다. 기업으로서는 싸고 가벼운 플라스틱 포장재를 마다할 이유가 없다. 결국 소비자는 어떤 상품이든 구매만 하면 포장재 쓰레기를 덤으로 받아와야 한다.

플라스틱 포장재가 할 수 있는 역할이 따로 있기는 하다.

첫째, 포장 성능이 좋다. 포장이 부실해서 음식물이 부패될 경우 대기로의 탄소 배출량이 훨씬 늘어날 텐데 이를 미연에 방지할 수 있다.

둘째, 유통기한을 길게 확보할 수 있어서 장거리 운송과 대량 보존이 가능하다.

셋째, 어떤 형태의 상품이든, 심지어 철 지난 과일 같은 것도 전 세계 어느 곳이든 안전하게 운송할 수 있다.

넷째, 안전한 사용법 등 필요한 정보를 포장재를 이용하여 기록할 수 있다.

이렇게 다른 대체재보다도 우수한 포장 성능과 저렴한 비용 때문에 플라스틱 포장재의 인기가 식을 줄 모른다. 그런데 바로 이런 몇 가지 특징 때문에 생기는 피해는 전 지구적이다. 포장 영역을 제외한 다른 사회 시스템으로까지 나쁜 영향을 미친다. 포장은 제품의 일생을 놓고 본다면 정말 짧은 기간 내에 요구되는

플라스틱 포장재의 진짜 가격

플라스틱 포장재의 역할을 좀 더 자세히 알고 싶다면 참조하라.

일이다. 제품이 팔릴 때까지라는 한정된 기간에만 유효하다. 따라서 포장재의 수명은 그 이상 길게 갈 필요가 없다. 당연히 용도를 다한 포장재는 재활용하거나 폐기해야 하는데, 플라스틱은 이 모두가 어렵다는 데 문제가 있다. 애꿎은 소비자만 구매 직후 생겨난 폐기물로 사회적 부담을 떠안는다. 이 사회적 부담은 곧바로 지구환경과 생태계의 부담으로 이어지고, 치러야 할 대가는 지구적 위기로 다가오고 있다.

| 내놓기만 하면 치워준다 |

잘 구축된 사회체계란 어떤 것일까. 지금 우리 사회에서 답을 찾는다면, '개인이 생산한 쓰레기가 얼마가 되든 군소리 없이 처리해주는 시스템'이다. 누구든 지정된 요일에 쓰레기를 내놓기만 하면 밤사이에 감쪽같이 가져가버린다. 내 돈 주고 산 종량제 봉투이다 보니, 양이 얼마가 되든 봉투에 담아 내놓으면 더 이상 고민을 할 이유가 없다. 굳이 가연성 비가연성을 구분해서 버리지 않아도 표시가 나지 않는다. 음식물쓰레기도 마찬가지다. 생기는 대로 담아버린다. 그러면 누군가 알아서 가져가준다.

현재 우리나라에서 폐기물 관리 체계는 공공 영역과 민간 영역으로 나뉘어 실시된다. 단독주택가의 경우 시나 구 단위에서 쓰레기를 수거하여 공공 선별장으로 보내어 처리한다. 아파트 단

재활용 Recycling		
거부하기 Refuse		
줄이기 Reduce		
재사용 Reuse	열적 폐기 Incineration	매립 Landfill
재생 Repair		
새활용 Up/Downcycling		
재순환 Recycle		
발효 Rot		

표 3 쓰레기 처리 방법

    지의 경우엔 입주자 대표회의에서 민간 수거업체와 계약을 맺고 입주민들의 쓰레기를 수거하도록 한다. 이후 민간 선별장으로 보낸 폐기물 중 재활용이 가능한 것은 각 재질별로 해당 업체로 보낸다.

    이러한 시스템에서 소비자가 개입할 수 있는 여지는 사실 없다. 소비자는 자신이 분리배출한 자원들이 제대로 재활용되고 있는지를 알 길이 없다. 심지어 잘 구분해서 재질별로 자루에 담아 내놓아도, 수거 차량이 한꺼번에 싣고 가는 광경을 보고 아연한 적도 있을 것이다. 쓰다가 용도가 다 되어 쓰레기로 내놓을 때 그 책임은 소비자에게 있어야 한다. 수거 차량이 싣고 가게만 하면, 소비자로서는 할 일을 다 했다고 여기게 만드는 지금의 쓰레기 처리 방식은 인간 위주의 이기적인 제도이다. 열적 폐기와 매립이 적을수록 바람직하다. 자연환경과 생태계를 조금이라도 고려한다면 처리에 급급할 것이 아니라 생산과 소비의 모든 영역에서 달라져야 한다. ⑤

3. 갈 길 먼 재활용

재활용 선별장에서 플라스틱은 현장 인력에 의해 선별 과정을 거친다. 비록 플라스틱류의 재활용 마크는 7가지나 되지만 실제로 재활용으로 주목받는 것은 3가지이다. 즉 PET와 PE류$^{LDPE, HDPE}$, PP이다.

소위 '딱딱이'와 '물랭이'로 표현된다. 플라스틱이 어떤 종류인지 정확하게 구분해낼 방법은 별로 없다. 육안으로는 더더욱 어렵다. 게다가 플라스틱 종류를 알 수 있게 하는 재활용 마크도 찾기 어렵거나 아예 없다. 여러 개의 작은 플라스틱 부품들로 조립된 장난감이나 전자제품 같은 경우가 여기에 해당한다. 이 경우 일일이 식별 마크를 찾아서 선별하지 못한다. 물론 라이터로 불을 붙여서 불꽃을 보거나 냄새를 맡아볼 수 있지만 아무 때나 할 수 없다. 게다가 그만한 인력을 투입할 수 없다. 결국 재활용 선별장에서는 물병이라 부르는 PET 용기를 따로 분리하고는, 딱딱이와 물랭이 두 종류로만 구분한다. 물에 뜨면 물랭이, 가라앉으면 딱딱이다. 비중이 1보다 작아서 물에 뜨는 물랭이에는 PP와 PE류가 있다. 딱딱이는 비중이 1보다 크다. PS와 ABS가 대표적이다. 문제는 여기에 있다. 선별장에서부터 PE면 PE, PP면 PP로 재활용할 수 있는 시스템이 못 된다. 그렇다 보니 최초의 용도와 재질로 완벽하게 재순환^{recycle}하는 것은 기대하기가 어렵다.

여기서 잠깐 페트병 재활용에 대해 살펴보자. 누구나 한 번쯤은 깨끗한 페트병을 씻어서 다시 음료수를 담아서 팔 수는 없을까 의문을 가져보았을 것이다. 이것을 가능하도록 하려면 다음의 두 가지 걸림돌이 있다. 첫째는 PET 원료 속에 들어 있는 화학 성분의 용출 여부이다. 둘째는 위생 문제이다.

깨끗하게 씻어서 물을 담아 여러 번 사용하는 것은 큰 문제가 없다. 여러 번 쓸 경우 페트의 원료에 투입되는 안티몬이라는 중금속이 문제가 될 수 있지만 워낙 함유량 자체가 적어 우려할 수준은 아니다. 게다가 페트병을 만들 때는 DEHA나 DEHP 같은 가소제를 투입하지 않는다. 다만 애초와는 다른 성질의 액체를 담는 것은 피하는 것이 좋다. 가령 생수병에 식초나 간장, 음료수 등을 담는 것은 좋지 않다는 뜻이다. 특히 온도가 높은 환경이거나 햇빛에 오래 노출된 페트병은 다시 쓰기보다 원료로 다시 만드는 재순환 공정으로 보내는 것을 추천한다. 또 찌그러졌거나 흠집이 났을 때도 그대로 쓰기보단 재순환하는 것이 좋다.

비즈니스 인사이더의 기사

홍콩 식품안전센터의 기사

재활용병(위키피디아)

플라스틱 재활용 단계 중에서도 재순환 수준은 아직 규모와 기술적 제약으로 인해 원래 품질에 미치지 못한다. 원래는 고급의 원료로부터 태어났으나, 용도를 다하고 난 후에는 어쩔 수 없이 비슷한 다른 재료들과 섞여서 저급 플라스틱 제품이 되고 만다. 그래서 엄밀히 말하면 플라스틱 재순환은 대부분 다운사이클링downcycling이다. 또 고분자 사슬구조의 특성상 재순환할 때마다 결합력이 약해지다 보니 재순환 횟수에도 한계가 있다.

세계적으로 1950년부터 2015년까지 생산된 플라스틱 제품의 9%만 재순환되고 있다.[2] 우리나라의 경우 2015년도에 총 708만 톤의 플라스틱 폐기물이 발생해서 이 중 약 60%가 재활용되고 있다. 나머지 35%는 소각을 통해 없애고 5%는 매립한다.[3] 우리나라의 재활용률이 다른 나라보다 높은 것으로 나오는데, 이는 재활용률 계산 방식의 차이로 인한 것이기도 하다. 최종 목표는 재활용률을 높이는 게 아니라 쓰레기를 줄이는 것이어야 한다. 특히 태우거나 매립해서 없애는 일은 환경에 주는 부작용이 크므로 지양해야 한다.

이를 위해서는 플라스틱 일회용품과 포장재 사용부터 줄여야 한다. 그리고 이제부터라도 플라스틱에 대해 잘 이해하고 있어야 한다. 왜 플라스틱 재활용이 어려운지, 왜 태우면 안 되는지, 왜 자연에 버리면 안 되는지를 알아야만 한다. 누군가 알아서 처리해주는 쓰레기 체계만으로는 플라스틱 문제를 해결하는 데 도움이 되지 않는다. 소비자가 직접 사용 후 플라스틱 문제에 개입

"그 많던 폐기물은 어디로 갔나"
오마이뉴스, 2018. 11. 4.

해야만 이 문제를 풀 수 있다. 누구나 적극적으로 플라스틱 재활용에 매달려야 한다. ♻

4. 플라스틱 제품의 일생

　　플라스틱 원료는 유기화합물로부터 추출된다. 오랜 시간 땅 속에 존재하던 원유나 셰일가스로부터 단위체 또는 모노머monomer 형태로 원료를 만들어낸다. 이 단위체도 그렇지만, 뒤에 중합 과정을 통해 만들어지는 고분자 플라스틱도 인공적 공정의 산물이다. 자연과는 달리 인간이 만든 단위체는 저절로 중합체로 바뀌지 않는다. 또한 스스로 분해되지도 않는다. 이런 변화에는 급작스럽고 집중적인 에너지가 필요하기 때문에 정상적인 자연현상에서는 일어날 수가 없다. 석유를 비롯한 화석연료는 최소 수백만 년에서 어떤 종류는 6억 5천만 년 이상의 긴 세월 동안 고대 동식물의 유기체가 혐기성 발효 과정을 통해 응축한 것이다. 따라서 현존 인류로서는 플라스틱이 스스로 분해되어서 화석연료로 되돌아간다는 것을 상상조차 할 수 없다.

화석연료(위키피디아)

이와는 달리 천연 상태로 존재하는 유기물질은 스스로 생성과 분해를 되풀이할 수 있다. 그 과정에서 생태계 내 동식물들과의 교류가 이루어진다. 그들을 성장시키고 살찌우기도 한다. 우리 인간도 마찬가지로 단백질이나 녹말, 포도당이나 과당 등 자연 속의 고분자들을 섭취하면서 몸이 성장하고 종족을 번식한다. 그만큼 자연 속에서의 순환주기를 따르는 것이 운명인 셈이다. 특히 지구상 생태계의 한 종^{species}으로서 인간에겐 자연의 순환주기와 균형을 맞추어야 할 이유가 분명 존재한다. 따라서 그 순환을 방해하는 인위적 부산물을 자연에 남기는 일은 없어야 한다. 인류 문명이 만들어낸 비가역적이면서도 재생 불가능한 물질은 인간이 감당할 수 있는 범위 내에서 만들어지고 쓰이며 최후까지 관리할 수 있어야 한다.

그림 5는 플라스틱 제품의 일생을 표현한 것이다. 생산자인 산업과 소비자, 사회 시스템 간의 역할이 명확히 구분되어 있다. 한눈에 들어오듯 소비자의 영역은 매우 단순하다. 제품을 사용하다가 버릴 때가 되면 버릴 뿐이다. 그 이후에는 산업과 사회 시스템이 알아서 해준다. 정작 쓰레기를 만들어내는 것은 소비자인데도, 이후의 단계에 개입하질 않는다. 이런 선형적 경제하에서는 각자의 영역에만 관심을 가질 뿐이어서 다른 영역에 대해서 아무런 연대의식이나 부채감을 느끼지 못한다. 소비자가 재활용 단계에 개입해본 기회나 경험이 적으면 적을수록 소비만 하는 사회로 굳어질 뿐이다. 소비자의 영역이 좀 더 재활용 쪽으로 옮겨가야

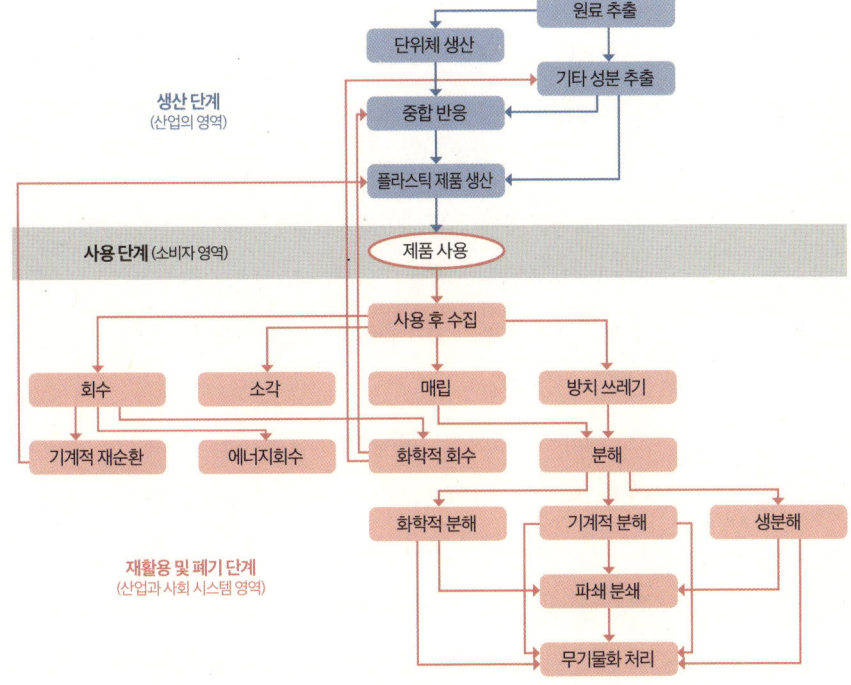

그림 5 플라스틱 제품의 일생
출처: J.N. Hahladakis et al. / Journal of Hazardous Materials 344 (2018) 179-199

한다. 한번 쓰고 버리는 플라스틱이 아니라 계속해서 순환해가면서 쓰는 플라스틱에 관심이 모아져야 한다.

지구상의 자원과 물질은 순환할 수 있을 때 환경과 생태계에 미치는 영향이 적다. 쓰레기로 버린다는 것은 순환을 포기하는 일이다. 인위적으로라도 순환의 고리를 이으려는 작업이 바로 재활용이다. 소비자가 재활용의 순환 체계에 합류하게 되면, 소비뿐만 아니라 생산과 사회 전반에 플라스틱이 미치는 문제로까지 의식을 확대할 수 있다. 단지 소비만 하던 주체에서 생산량이나 방식에 대해 문제의식을 갖는 주체로 바뀔 수 있다. 게다가 재활용이 쉽지 않다는 것을 경험한 소비자로서 플라스틱 사용을 자제하려는 의식을 가지게 될 것이다. 따라서 그림 5와 같이 소비자 영역은 일부의 재활용 영역까지 넓혀져야 한다. 물론 생산자와 판매자도 마찬가지이다. 그래야 플라스틱 순환경제의 완성을 앞당길 수 있다.

플라스틱 문제는 재활용만이 해답이다. 그것도 지금보다 훨씬 더 적극적으로 매달려야 한다. 기존의 방식으로는 지구 환경과 생태계의 피해가 가파르게 늘어날 수밖에 없다. 인간이 어쩌지 못하는 플라스틱이 바다를 채우고 있고 대기와 땅을 오염시키고 있는 현실이 말해주는 바는 명확하다. 플라스틱을 지금까지 해왔던 것처럼 사용할 수는 없다는 것이다. 허투루 버려지는 것이 없도록 최대한 재활용하는 것만이 답이다. 버릴 때 버리더라도 누구든 재활용할 수 있게 버려야 한다. 그리고 누구라도 재활용 영역의 책임 있는 주체가 되어야 한다.

미주

1 「동아사이언스」 기사 "PVC는 랩의 원료로 타당한가", 1989년 04호
2 Roland Geyer, et al., Production, use and fate of all plastics ever made, Science Advances, Vol.3, no.7
3 최용·최형진·이승희. 2018. "국내 폐플라스틱의 관리 현황 및 개선사항" 「자원리사이클링」, 27(4):3-15

3

플라스틱 왜 등장했을까

1. 이상적인 소재, 착한 재료

| 소재와 재료 |

무언가를 만들고자 하는 사람들이 가장 먼저 찾는 것이 무엇일까? 바로 소재이다. 소재란 자신이 만들고자 하는 제품의 아이디어 배경이 된다. 여기에 아이디어를 현실 속에서 구현하고자 할 때 가장 먼저 활용하게 될 물질적 대상, 즉 재료가 필요하다. 누구나 이상적인 재료를 쓰려고 한다.

참고로 미국재료기술자 국제협회[ASM international, American Society for Metals]에 따르면 이상적인 재료란 '풍부한 자원 보존량, 저렴한 원료 제조비, 에너지 효율성, 적당한 강성과 견고성 및 온도 안정성, 가벼운 무게, 부식 저항성, 친환경성, 생분해성, 재활용성'이라는 조건을 만족해야 한다.

하지만 구체적으로 어떤 재료를 사용할지를 확정하기란 쉬운 일이 아니다. 그 이유는 재료마다 제각각 다른 특성을 보이기 때문이다. 질감이나 색감 같은 감각적 특성도 있지만 튼튼하다거나 무겁다거나 하는 기본 물리적 성질도 중요하다. 그런데 재료를 선택할 때 가장 먼저 생각해야 할 것이 무엇일까? 바로 만들어질 물건의 용도이다. 어디에 쓰는 물건인가에 따라 재료를 정할 수밖에 없다. 예를 들면, 그릇은 오랫동안 물을 담고 있어도 새거나 녹이 슬어서는 안 된다. 사다리는 무게를 받치기에 충분히 튼튼한 소재로 만들되 가급적 가벼워서 원하는 위치로 이동할 수 있어야 한다. 집의 골조로 세우는 재료는 오랜 세월 튼튼함을 유지해야 한다. 하지만 나중에 집을 해체하더라도 무리 없이 다른 곳에 옮겨 쓸 수 있어야 한다. 이렇게 한 가지를 만들어도 만족시켜야 할 요건이 서너 가지 이상이 된다. 완성도를 높이고자 할수록 요구되는 조건이 점점 더 많아지게 된다.

| 착한 재료 |

인류와 함께 발달한 재료들은 모두가 착한 재료여서 생활 속에 도입되었을까. 그렇지 않다. 착한 재료임에도 외면당한 경우는 허다하다. 높은 기술 수준의 제품일수록 적용된 소재도 첨단을 달렸다. 희귀하면서 전혀 생태적이지 않은 소재가 소비자의 허영

심을 자극했다. 물질 만능의 편의주의가 대량생산을 부추겼고 이런 유행에 맞는 재료가 제조산업을 이끌어왔다. 이런 풍조 속에서 착한 재료란 개념은 오래된 가훈같이 벽장 속에 틀어박힌 추억 같은 것이 되어버렸다.

의자를 예로 들어보자. 박물관이나 고궁에 가면 투박한 디자인의 나무 의자들을 볼 수 있다. 주변에서 구하기 쉽고 가공이 쉽다 보니 나무는 의자의 첫 번째 좋은 재료였다. 그런데 이후에 금속제 의자들이 등장하기 시작했다. 금속 파이프를 굽히고 연결하여 의자의 골조를 만든 것이다. 차가워서는 안 되는 등판과 좌판에만 나무를 쓴다. 이런 구조의 의자들은 나무만으로 된 의자보다 더 튼튼해서 오래 갈 수 있었다. 공원 같은 데서는 주물로 만든 묵직한 철제 벤치도 볼 수 있었지만 플라스틱 산업시대에 와서는 플라스틱 의자가 놀라운 속도로 이들을 대체했다. 일부 부품만 그런 것이 아니라 아예 통째로 플라스틱으로 찍은 것들마저 나왔다. 이 플라스틱 의자들은 얇으면서도 튼튼할 뿐만 아니라 세련된 디자인과 색감으로 무수히 많이 만들 수가 있어서 선호된다.

다시 처음의 주제로 돌아가보자. 나무와 금속과 플라스틱, 이들 세 가지 중 어느 것이 가장 착한 재료일까? 착한 재료란 소재가 가져야 할 여러 조건을 가능한 한 많이 만족하는 재료일 것이다. 그 조건들을 나열하면 다음과 같다.

- 비강도(Specific Strength) : 가벼우면서도 튼튼한가
- 제조성(Producibility) : 무엇으로든 만들기가 쉬운가
- 내식성(Corrosion Resistance) : 산이나 액체 등에 부식되지 않는가
- 생분해성(Biodegradability) : 자연 속에서 미생물에 의해 생분해가 가능한가
- 자원 보존량(Abundance of Resource) : 자원이 풍부해서 고갈의 염려가 없는가
- 친환경성(Ecofriendliness) : 환경에 미치는 부작용이 전혀 없는가
- 경제성(Economics) : 원료 조달이 쉽고 저렴한가
- 재활용성(Recyclability) : 재활용이 쉬운가

답부터 말하자면 위 조건을 모두 만족하는 소재는 있을 수 없다. 어느 한두 가지가 좋으면 다른 나쁜 특성도 있게 마련이다. 예를 들어 제조성이 좋으면 원료 소비가 많아져 자원 보존량을 걱정해야 할 것이다. 같은 용도라도 대량생산이 가능한 재료를 쓰면 경제성은 좋아질 수 있으나 친환경성은 문제가 된다. 만드는 과정 중에 에너지 소비나 오염물질의 배출이 과다해져서 부작용이 있을 수 있기 때문이다. 또 내식성이 좋으면 생분해성은 나쁘고 재활용성이 떨어지기 쉽다. 제조비용을 낮추려고 싼 재료들을 조합하여 제품을 만들어도 재활용성은 떨어질 수밖에 없다. 모든 좋은 조건을 다 갖춘 재료를 찾을 수만 있다면 그야말로 대박 나는 일이다. 그러나 이는 스스로 모순되는 일이어서 애당초 가능하

지 않다.

자본주의 사회에서 기업은 착한 재료 대신 돈을 벌 수 있는 재료를 찾아야 하는 태생적 한계를 지니고 있다. 지금도 새로운 소재를 찾기 위해 많은 신소재 연구소나 재료 과학자들이 존재하는 이유이다. 착한 재료에 요구되는 조건을 하나하나 자세히 살펴보자.

| 비강도(Specific Strength) |

우리 주변에는 자연으로부터 구할 수 있는 다양한 재료들이 있다. 이들 재료들을 활용해본 경험을 통해 각각의 재료들에 대한 객관적인 데이터를 축적하는 데 성공했다. 대표적인 것이 케임브리지 대학에서 설립한 디자인 전문회사 그란타(Granta)에서 발행한 재료 및 공정 선택 차트(Material and Process Selection Chart)이다. 여러 가지 차트 중에서 무게 대비 강도, 즉 비강도 특성을 비교한 그래프인 그림 6을 우선 주목해보자.

가로축은 밀도 즉 무게를 나타내고 세로축은 강도를 표시한다. 무거운 재료일수록 강도 또한 큰 쪽에 위치한다는 것을 알 수 있다.

역사적으로 많이 사용해왔던 소재는 나무이다. 자연적으로 주변에 많고 또 가공도 쉽지만 큰 규모로도 만들 수 있었다. 그래

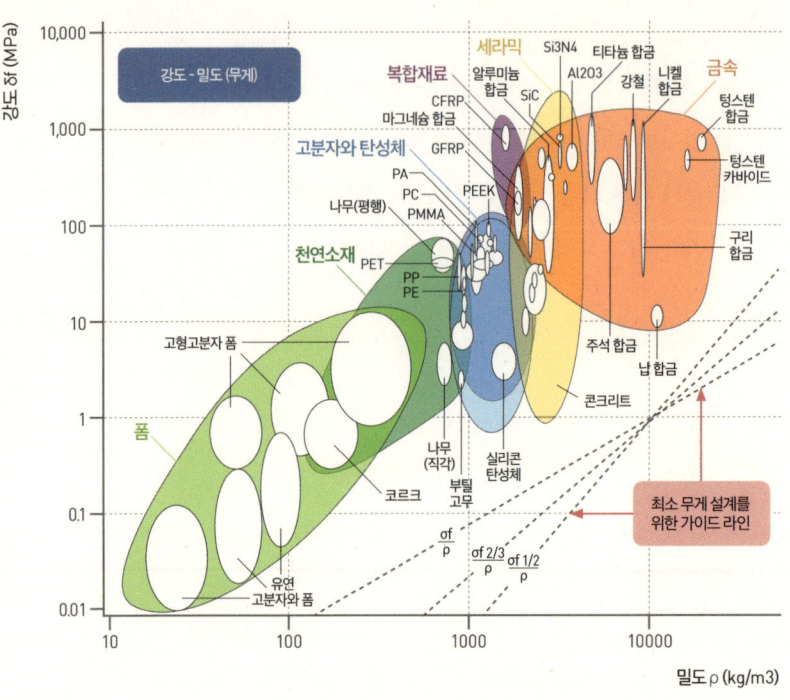

그림 6 다양한 재질들의 밀도(무게) 대비 강도를 비교한 그래프
출처: 재료 및 공정 선택 차트, 그란타 CES 교육용 팩키지 2010, 6쪽

프 속에서 나무는 물보다 가벼우니까 비중 1이 안 되는 지점에 있다. 강도 또한 중간 정도의 위치에 있다. 그런데 나무는 결이 있어서 결의 방향에 따라 강도가 달라진다. 즉 나뭇결 방향으로 잡아 늘이거나 꺾으려고 하면 나무는 잘 버틴다. 그만큼 강도가 크다. 반대로 나뭇결과 직각인 방향으로 잡아당기면 쉽게 쪼개지고 만다. 이 특성 때문에 나무를 가공할 때는 결을 잘 보고 가공할 부

위와 방향을 선택해야 한다.

나무 외에 오래 사용해왔던 소재가 바로 금속인데, 그중에서도 철강 재료가 가장 보편적이다. 보통 철이라고 하면 탄소강 종류이지만 워낙 강해서 강철이라고 표현한다. 이 강철은 차트의 우측 상단에 위치할 만큼 무게가 물보다 8배나 많이 나가면서 강도도 높다. 녹여서 틀에 붓고 굳히기만 하면 웬만큼 복잡한 모양도 만들어낼 수 있어서 예전부터 많이 써왔다. 공원의 벤치나 큰 솥단지 등은 철을 녹여서 주물로 굳혀낸 것이다. 동력을 생산하거나 뜨거운 열을 가까이 하는 기계의 부속들도 철강 재료가 주소재이다. 그렇지만 너무 무거워서 조금만 덩치가 커도 혼자서는 옮기기가 버겁다.

그러다 보니 가벼우면서도 강한 재질은 없나 찾게 된다. 이때 개발된 것이 바로 플라스틱이다. 우리가 많이 접하는 생활용 플라스틱(예를 들면 PE, PP, PS, PET 등)은 물과 비슷하거나 낮은 무게를 가지면서 강도는 나무보다도 크다. 이런 점이 플라스틱의 거부할 수 없는 매력이다. 플라스틱은 깊이 알려 하지 않고 쓰기만 한다면 호감이 갈 수밖에 없는 재료이다.

실제로, 1950년대 이후 본격적으로 제품의 소재로 생산되기 시작한 플라스틱은 1980년대 말에 철강 제품 생산량을 앞지르기 시작했다.[1] 이후 플라스틱 제품은 생산량 측면에서 가파르게 상승 곡선을 그리면서 빠른 속도로 철강 제품을 대체하게 된다.

| 제조성(Producibility) |

기존에 쓰던 천연재료를 다른 재료로 대체하여 성능이나 수명이 유사하거나 오히려 앞지른다면 이는 대체재로서 조금도 손색이 없다. 자연에서만 얻을 수 있던 천연소재들로는 인간의 소비에 대한 열망을 만족시킬 수가 없었다. 자원의 자연적인 생성 속도보다 인간의 소비 패턴에 부응하기 위한 대량생산 속도가 훨씬 컸기 때문이다. 따라서 제한된 천연자원의 대체재로서 신소재에 대한 열망이 커질 수밖에 없었다.

제2차 세계대전을 치르는 동안 합성 비단소재와 플렉시글라스 같은 플라스틱 재료들이 미국의 군수산업에서 빛을 발했다. 나일론이라고 불리는 합성 비단은, 낙하산, 로프, 방호복, 헬멧 라이너 등 용도에 맞게 얼마든지 제조해낼 수 있었다.

전쟁이 끝난 이후에도 플라스틱은 점차 다른 재료들과의 경쟁에서 손쉽게 이기면서 적용 범위가 확대되었다. 그동안 만들기 어려웠던 제품들조차 플라스틱으로 변신해 등장하기도 했다. 그 결과 합성섬유로 옷감을 만들 수 있게 되었고, 장난감이나 문구, 주방용품 등 생활용 소도구로도 생산되었다. 전선의 절연피복의 주요 성분이 되었고, 냉장고나 TV 등 가전제품의 주요 부위에 플라스틱 재료를 쓰게 되었다. 게다가 스마트폰이나 컴퓨터 등에 플라스틱이 빠질 수 없다. 자동차나 비행기의 내외장재로 쓰일 수 있는 덕분에 무게를 줄일 수 있게 되어 연료 효율이 획기적으로

"플라스틱의
역사와 미래",
Science History Institute,

높아졌다. 거의 모든 상품이나 식품의 포장재로 없어서는 안 되는 재료가 되었다. 게다가 농업이나 어업 등 주요 도구와 기구들에 플라스틱은 필수적이다.

어떤 용도나 디자인이라도 플라스틱으로 대체하여 만들 수 있다는 것은, 플라스틱의 뛰어난 제조성을 의미한다. 플라스틱이 다양한 분야에서 기존 소재를 대체해온 사례는 쉽게 찾을 수 있다. 한국석유화학협회의 홈페이지를 방문해보면 이와 관련한 자료를 많이 볼 수 있다.

제조성이란 어떤 제품으로든 효과적으로, 또 경제적으로 만들 수 있는 특성을 말한다. 그런데 바로 이런 폭넓은 제조성 때문에 우리 사회가 플라스틱에 중독되고 말았다. 조금이라도 대체할 여지가 있다면 어떤 재료든 바로 플라스틱으로 바꾸어왔다. 그 결과가 지금과 같은 플라스틱 과잉의 시대다.

| 내식성(Corrosion Resistance) |

내식성이란 부식^{corrosion}되지 않고 견딜 수 있는 성질을 말한다. 부식은 물질의 표면이 어떤 환경 속에서 조금씩 다른 성분으로 바뀐다거나 기존의 성분이 빠져나간다거나 하여, 표면이 얇아지거나 거칠게 일어나는 현상을 말한다. 부식 현상이 생기면 제품의 수명이 급속도로 짧아지고 보이지 않던 결함이 나타나기 시

작한다. 금속인 경우 흔히들 말하는 '녹이 스는' 현상으로 발견된다. 화학적으로 표현할 때 이것을 부식이라고 하는데, 한번 녹이 슬면 부식이 빠르게 진행이 되어서 얇아지게 되고 결국에는 구멍이 나거나 갈라지게 된다.

    부식은 물질을 이루는 원자구조가 분해되는 현상이다. 즉 자유전자 또는 이온들이 원자나 분자 구조로부터 떨어져나오는 것이다. 이렇게 되면 그 부분의 전기적 극성이 달라지거나, 외부의 원소들과 결합을 하면서 다른 성질을 갖게 된다. 특히 이러한 부식 현상은 분자 구조의 취약한 틈새에 집중이 되면서, 결국에는 균열이 생기거나 얇아져서 본래의 강도를 유지할 수 없게 된다. 염산이나 황산 같은 강산에 일반 철이나 폴리프로필렌 같은 플라스틱이 노출되면 부식되면서 점차 약해진다. 시간이 걸릴 뿐 철로 된 그릇에 약한 산을 담아도 부식으로부터 자유롭지 못하다. 그렇지만 고밀도 폴리에틸렌^{HDPE}과 같은 플라스틱은 부식되지 않는다.

    산이 아니라 물을 담는 것도 내식성이 필요하다. 철 그릇에 물을 담으면 쉬이 녹이 슨다. 옻칠이나 바니시 같은 도료 처리가 되지 않은 나무 그릇에 물을 담으면 물을 흡수한 나무 그릇은 부풀거나 하면서 갈라지게 된다. 그러나 플라스틱 그릇은 조금도 변화가 없다. 플라스틱 그릇은 녹조차 슬지 않는다. 플라스틱을 필름 형태로 얇게 만들어도 새거나 부식되지 않는 이유는 바로 고분자 구조의 치밀한 조직 때문이다.

생분해성(Biodegradability)

물질이 분해되는 방식은 몇 가지로 나눌 수 있다. 열에 의해서 분자 구조가 쪼개진다면 그것을 열분해^{pyrolysis}된다고 한다. 햇빛에 노출되면서 비닐이 부스러지고 색이 바래는 것은 광분해^{photodegradation}라고 한다. 햇빛 속의 자외선 성분이 이 역할을 수행한다. 반면 박테리아와 같은 미생물이 소화시킴으로써 분해되는 성질을 생분해^{biodegradation}라고 한다.

생분해가 가능하려면 박테리아가 소화시킬 수 있는 물질이 소재 속에 들어 있어야 한다. 자연 속에서 동물은 물론이지만 식물의 세포 또한 탄소(C)와 수소(H), 산소(O), 그리고 질소(N) 등이 탄소화합물 형태로 존재하게 되며, 이들은 박테리아가 대부분 소화할 수 있는 구조이다. 표4는 생활 속에서 사용하는 다양한 소재들이 생분해될 때 소요되는 시간을 예측한 데이터이다.

그렇다면 생분해성은 어떻게 측정할까?

미생물 호흡측정법^{respirometry}을 활용한다. 즉 신문지나 바나나 껍질 또는 플라스틱 백(우리나라에서는 비닐봉지로 통용된다)과 같은 유기물질을 흙과 미생물을 함께 섞어서 컨테이너 속에 넣는다. 수일이 지난 후 미생물들이 시료를 조금씩 먹으면서 소화를 시키기 시작한다. 컨테이너 속의 공기 중 이산화탄소량에 변화가 생긴다. 호기성 발효라고 하는 과정이다. 신문지나 바나나 껍질을 시험하는 동안에는 변화가 쉽게 일어난다. 그런데 플라스틱 백을 실험하

광분해(위키피디아)

생분해(위키피디아)

재료	분해에 소요되는 기간
채소류	5일~1개월
종이	2~5개월
면 T셔츠	6개월
오렌지 껍질	6개월
나뭇잎	1년
모직 양말	1~5년
플라스틱 코팅된 우유팩	5년
가죽신	25~40년
나일론 섬유	30~40년
음료수 캔(철)	50~100년
알루미늄 캔	80~100년
유리병	100만 년
스티로폼 컵	500년 이상
플라스틱 백	500년 이상

표 4   소재별 생분해에 소요되는 기간 비교
출처: https://www.sciencelearn.org.nz/resources/1543-measuring-biodegradability

는 동안에는 아무 일도 일어나지 않는다. 미생물들이 플라스틱을 좋아하지 않거나 먹을 수 없기 때문이다. 이 과정을 통해 플라스틱은 생분해되지 않는다는 것을 알게 된다.

그런데 500년이라는 기간은 어떻게 예측된 걸까? 비록 플라스틱 백은 생분해되지 않지만, 오랜 기간 햇빛에 노출되면 자외선에 의해 사슬처럼 얽힌 고분자 구조가 변형되고 갈라져서 결국은 잘게 부스러지고 말 것이다. 하지만 지금까지 이러한 현상을 발견한 적이 없다. 플라스틱이 발명된 이후 아직 그만한 시간이 흐르질 않았기 때문이다. 그래서 과학자들은 500년 또는 1000년을 제시하기도 한다. 하지만 이 경우 숫자는 아무런 의미가 없다. 단지 정말로 길고 긴 시간이 경과해야 플라스틱이 분해될 거란 사실이 중요할 뿐이다.

| 자원 보존량(Abundance of Resource) |

인류의 문명은 우연히 발견한 자원을 사용하는 것으로부터 출발했다. 자연현상으로부터 얻게 된 물질을 생활 속에서 활용하면서 도구와 기술이 발달하고, 이를 얼마나 잘 활용하는가에 따라 문명의 흥망이 갈렸다.

중세 이후 시대가 철을 얼마나 잘 활용하는가에 따라 흥하거나 망했다면, 20세기는 석유라는 자원이 그 주역이다. 그런데 철과는 달리 석유는 한번 소모되면 다시 석유란 물질로 되돌아오지 않는다. 또한 석유는 매장량에 한계가 있고, 석유를 소비하면서 생긴 온실가스로 인해 기후변화라는 재앙을 초래하고 있다. 석유를 소비하는 행태는 다음의 두 가지인데, 일차 에너지원으로 소비하는 경우와 에너지원이 아닌 소재의 원료로 소비하는 경우이다. 이른바 석유화학산업은 석유를 화학적으로 가공해서 고분자의 원료를 뽑아낸다. 이 과정에서 에너지가 투입되어야 하고,

고분자의 원료로 소비되어야 하므로 석유자원은 갈수록 고갈될 수밖에 없다. 이와는 달리 금속자원은 플라스틱과는 다른 관점에서 평가한다. 철이나 알루미늄과 같은 금속자원은 매장량이 한정되어 있기는 하지만, 수명이 매우 길고 또 사용 후에도 얼마든지 재활용이 가능하다.

석유자원과는 달리 바이오매스^{biomass}(생태계 내 존재하는 동식물과 같은 생명체 자체, 또는 생명활동 과정과 이후에 발생한 잔재 등 유기화합물의 총칭)는 지구상 생태계라는 유한한 공간 내에서만 존재하는 물질이지만, 생명 유지 활동을 통해서 생성과 소멸을 반복한다. 따라서 바이오매스는 재생 가능한 자원에 해당한다. 역사적으로 가장 오래되고 친근한 소재인 목재는 바이오매스 중 하나이다. 한 지역에서 나무를 잘라 목재로 가공하는 동안 다른 지역에서는 나무가 또 자란다. 동식물의 종이 유지되는 한, 이들로부터 얻어낼 수 있는 유기성 자원 또한 다양하고 유용하다.

예를 들면 석유 디젤처럼 바이오 디젤 또한 연료로 쓸 수 있다. 오히려 황과 같은 유해성 무기질을 포함하지 않으므로, 훨씬 더 깨끗하게 연소된다. 현재 플라스틱의 원료인 석유 고분자만 있는 것이 아니라 식물성 고분자도 있다. 이들로부터 플라스틱을 만들 수만 있다면, 자원 보존량은 걱정하지 않아도 된다. 그러나 아직 바이오플라스틱이 효과적인 대안이 되기에는 기술적으로나 양적으로 시간이 필요하다. 바이오플라스틱에 대해서는 다음 장에서 좀 더 짚어보기로 한다.

| 친환경성(Ecofriendliness) |

친환경성이란 지구 환경에 도움이 되거나 최소한 피해를 주지 않는 것을 의미한다. 그래서 대기나 물, 토양, 에너지 같은 자원을 보존하는 데 도움이 되는 생활 방식 또는 이에 기여하는 제품에 대해 쓰일 수 있는 단어이다. 이를테면 목재는 자연 속에서 분해가 가능하기 때문에 친환경적이다. 미생물이 버려진 목재를 갉아먹거나 곤충들이 집을 짓고 알을 낳을 수도 있다. 분해된 유기물엔 탄소와 질소 같은 영양소가 있어서 토양을 기름지게 한다. 철 또한 산화나 부식 과정을 통해서 분해된다. 분해된 철분은 물이나 토양에 녹아들어간다. 이런 무기질 영양소는 생명체에 필수적이기도 하다.

철은 지구의 지표상 원소 중 네 번째로 풍부하다. (지구의 지각에서 가장 풍부한 원소는 9가지로, 대략 산소 46 %, 규소 28 %, 알루미늄 8.2 %, 철 5.6 %, 칼슘 4.2 %, 나트륨 2.5 %, 마그네슘 2.4 %, 칼륨 2.0 %이며, 티타늄 0.61 %. 다른 요소는 0.15 % 미만으로 분포한다) 물론 철을 추출하고 가공하는 데 에너지가 많이 든다. 대신 한번 만들어 놓으면 내구성이 좋아서 오래 쓸 수 있다. 게다가 스테인리스강과 같은 합금으로 만들어 쓰면 부식이 되지 않아서, 주방용 식기나 건축 자재, 장식용 철재, 또 물이나 부식성 액체를 담는 용기의 소재로 광범위하게 많이 사용한다.

플라스틱은 이와는 다른 문제를 안고 있다. 우선 분해가 되

친환경성의 정의

지 않는다. 복잡한 탄소 고분자 화합물은 워낙 촘촘하게 결합되어 있다 보니 미생물이나 다른 부식성 물질로 인해 분해되지 않는다. 이는 환경과 생태계에 심각한 피해를 남긴다. 쓰다 버린 플라스틱 조각이 땅속에 묻히면 곤충이나 미생물에게 필요한 공기나 수분을 차단한다. 흙이나 다른 성분과 섞이지 못한다. 한마디로 곤충과 미생물들의 서식지도 못 될 뿐만 아니라, 마치 외계 물질처럼 땅속에 있게 되는 것이다. 불행하게도 플라스틱 제조 과정에 투입된 많은 화학물질들이 배어나올 경우 동식물의 건강을 위협하는 심각한 오염원이 된다.

유동성 화학물질들은 세대를 따라 전파되면서 생태계에 피해를 남긴다. 같은 고분자이지만 천연고분자의 피해를 느끼지 못하는 것에 비해 왜 합성고분자는 이렇게 피해를 줄까. 인공적으로 고분자 구조를 합성하는 과정에서, 더 치밀하고 더 독성이 큰 화학물질을 넣어서 만들기 때문이다. 이런 외계에서 온 듯한 물질이 대량으로 만들어지다 보니 지구 환경과 생태계는 갈수록 위험에 빠져들고 있다.

| **경제성(Economics)** |

제조산업에서 대량생산에 적합한 소재가 되려면 우선 원료 조달이 쉽고 저렴해야 한다. 당연히 원료를 확보하고 가공하는

데 들어가는 비용은 낮을수록 선호도가 높다. 산업자원부 원자재가격정보의 2019년 3월 1일 자 가격 동향에 따르면, 플라스틱 원료인 나프타가 541.5 USD/톤이고, 에틸렌 원료는 1,145 USD/톤이다. 이에 비해 강철판(열연코일)은 636.79USD/톤, 고철은 312.5 USD/톤, 알루미늄은 1,890.50 USD/톤이다. 언뜻 수치만을 비교해 보면, 플라스틱 원료가 고철이나 강철판에 비해 두세 배는 비싸다. 그런데 한 가지 주의해야 할 것은, 위 단가들이 단위 무게(톤)당 가격이란 점이다. 즉 같은 무게라도 플라스틱은 강철판의 8배나 큰 부피를 차지한다. 따라서 부피당 가격으로 치면 에틸렌의 가격이 고철이나 강철판보다 훨씬 낮아진다. 만일 철이든 플라스틱이든 강도가 문제되지 않아서 얇게 만들수록 유리한 제품이라면 플라스틱을 선택할 수밖에 없을 것이다. 게다가 값싼 공정 비용은 플라스틱을 선택하는 데 주저하지 않게 만든다.

    플라스틱 원료를 이용한 제조 공정은 매우 신속하고 저렴하다. 성형과 관련된 온도는 금속류와는 비교할 수 없을 만큼 낮다. 철의 경우 완전히 깨끗하게 정련하려면 1500℃ 이상으로 가열해야 한다.[2] 반면 주요 생활용 플라스틱의 제조 공정 온도는 160~300℃ 정도의 범위이다. 플라스틱 제조에 들어가는 에너지 양이 훨씬 적으리란 것을 예상할 수 있다. 또 재질이나 구조 등 높은 온도 조건을 고려하지 않아도 되는 금형 디자인이 가능하다. 따라서 금형 제작에 소요되는 시간을 단축할 뿐만 아니라 내구성과 수명을 대폭 향상시킬 수가 있다. 여기에다 생산 속도 측면

플라스틱별로 각 공정 온도에 대해서 아주 자세히 나와 있다.

에서도 강점이 있다. 틀에 넣고 눌러서 만드는(압출) 제품이든 강제로 주입해서 만드는(사출) 제품이든 단 몇 초 만에 수십 개를 완성할 수가 있다. 이것이 플라스틱이란 소재가 갖는 주요 이점 중 하나이며, 플라스틱이 대량생산에 적합한 소재란 것을 알게 해준다. 따라서 소재 측면에서의 경제성만 본다면 다른 재료에 비해 플라스틱의 경제성이 훨씬 높다.

| 재활용성(Recyclability) |

어떤 제품을 만들 때, 설계자라면 다음의 요소들을 염두에 두고 설계해야 한다. 즉 한 번만 쓰고 버리는 제품으로 만들 것인가, 아니면 재활용이 가능하도록 할 것인가이다. 한 번만 쓰고 버리는 제품을 설계하는 것은 가장 단순하고 쉬운 조건이다. 내부에 부분품들을 넣은 뒤 몸체를 덮고 붙여버리면 그만이다. 그렇지만 이런 제품의 경우 고장이 나면 바로 폐기할 수밖에 없다. 재질별로 분류하는 것은 더더욱 어렵다. 용도가 다 돼서 폐기할 경우 재료 차원에서 다시 원료로 되돌리는 재순환은 물질적 재활용의 핵심 분야이다. 하지만 고장 난 것을 고치고 다시 쓰게 하는 것은 재활용성을 높이는 요소이다. 제품을 디자인할 때 재활용성을 우선 염두에 두는 것은 무엇보다 필수적이다. 재활용도가 높은 재료를 선택하고, 구조를 단순하게 하며, 가급적 구성품들의 재질을 같은 종류로 가야 한다. 하지만 대개 기업들은 재활용성보다는 제조 비용을 낮추는 데 주안점을 둔다. 제조 단가가 낮으면서도 단기간에 많이 팔릴 수 있는 제품을 만들려 하지, 복잡하더라도 오래 쓸 수 있는 제품을 만들려 하지는 않는다.

재활용을 고려한 디자인, 또는 환경과 생태계를 우선시하는 디자인 개념은 이미 서구 사회에서 1970년대 후반에 구체적으로 제안된 바 있다.[3] 여기서 중요한 것은 제품을 설계할 때부터 아예 버려지는 것이 없도록 하는 것이다. 우리가 생산하고 소비하는 과정에서 가급적 폐기물이 발생하지 않도록 설계 단계에서부터 재료를 선택할 필요가 있다. 나무와 금속과 플라스틱 중 무엇이 제대로 폐기할 수 있고, 무엇이 할 수 없는지를 우선적으로 검토해서 환경과 생태계에 미치는 나쁜 영향을 최소화해야 한다.

2. 플라스틱은 과연 착한 재료인가

지금까지 착한 재료에 요구되는 조건들에 대해 살펴보았다. 플라스틱이 처음 등장했을 당시에 신소재를 찾던, 특히 인공 고분자의 출현을 기다리던 사람들은 환호성을 질렀을 것이다. 1907년에 최초의 인공 합성고분자인 베이클라이트(bakelite)를 발명한 레오 배클란드(Leo Baekeland)는 덕분에 여러 권위 있는 상을 수상했을 뿐만 아니라, 미국의 국립발명가 명예의 전당에도 헌액되었을 정도였다. 이후에 만들어진 PS, LDPE, HDPE, PP 등은 인류를 새로운 고분자의 천국으로 안내한 셈이 되었다. 가벼우면서도 질기고, 물을 담아도 새지 않으며, 무엇으로든 제조 가능하다는 것은 얼마나 매력적인가. 형형색색의 수려한 표면을 지닌 플라스틱은 사람들의 기대를 저버리지 않고 다양한 용도로 사용되기 시작했다.

그러나 뒤늦게 깨달은 바로는, 플라스틱이 전혀 착한 재료가

레오 배클란드(Leo Baekeland, 1863-1944)는 벨기에 출신의 화학자로 100개가 넘는 특허를 갖고 있었다고 한다.

바라는 성질	용어	나무	플라스틱	철	비고
가벼우면서도 튼튼한가	비강도	양호	우수	불량	
무엇으로든 만들기 쉬운가	제조성	우수	우수	우수	
산이나 액체 등 부식되지 않는가	내식성	불량	우수	우수	스테인리스강은 훌륭한 내부식 재료
자연 속에서 생분해가 가능한가	생분해성	우수	불량	-	철은 생분해가 아닌 산화작용으로 분해
자원이 풍부하고 고갈되지 않는가	자원 보존량	우수	미흡	양호	바이오플라스틱은 제외
환경에 미치는 부작용이 적은가	친환경성	우수	불량	양호	
원료 조달이 쉽고 저렴한가	경제성	우수	우수	우수	
재활용이 용이한가	재활용성	우수	불량	우수	

표5 나무, 플라스틱과 철의 특성 비교

아니란 점이다. 기대했던 것처럼 인간이나 자연환경에 도움을 주는 쪽으로 활용되지 못하고 있다. 플라스틱의 일부 좋은 특성이 지나치게 부각된 반면, 나쁜 특성에 대해서는 대안도 없이 간과되고 있었다. 표5는 재료별 특성을 비교 평가한 것이다.

사실 플라스틱이 상용화된 역사는 얼마 되지 않는다. 본격 생산하기 시작된 시점이 1950년대부터이니 불과 70여 년의 역사밖에 되지 않는다. 이 기간에 플라스틱이 자연 속에서 저절로 분해되는 현상을 목격하지 못할 수밖에 없다. 오히려 분해되지 않은 채 누적된 플라스틱이 자연 생태계를 역공격하는 상황이 여기저기서 벌어지고 있다. 플라스틱의 화려함 이면에 숨어 있는 유해성에 온 세계가 당혹해하고 있다.

우리는 플라스틱을 정확히 이해할 필요가 있다. 그동안 개발자들은 여전히 개척해야 할 신소재의 한 분야로만 고민해왔다. 제조 비용을 더 낮추기 위해 화학 첨가제를 고민하거나 제조 공법을 개선하는 데만 몰두해온 것이다. 만들어진 제품이 다 쓰인 뒤에 어떻게 회수되고 재활용될 수 있는지에 대한 사회적 관심이나 책임은 미흡했다. 상황이 이런데도 소비자들은 기술에만 무작정 의존해오고 있었다. 아무도 의문을 제시하지 않았다. 상품 진열대에 제품으로 등장했다는 사실로 마치 안전성이 보장된 듯 의심하지 않았다. 비닐봉지가 도로 위에서 바람에 날려도 저절로 분해되어 없어질 거라 상상했거나, 혹은 누군가가 주워서 아무런 피해가 없게끔 처리하겠거니 넘겨온 게 사실이다. 그랬던 것이, 마치 담배꽁초 버리듯 툭 던져진 페트병이 태평양 한가운데에 떠다니고 있을 줄은 누구도 예상하지 못했다. 잘 분리배출된 플라스틱이 어떤 이유에서인지 태우는 것 외에는 대안이 없다면 충격일 수밖에 없다. 이제부터라도 플라스틱을 제대로 이해하고 사용해야만 하는 이유이다. ♻

미주

1 Roland Geyer, et al., Production, use and fate of all plastics ever made, Science Advances, Vol.3, no.7
2 선우 준, 금속의 이해 다이제스트, e퍼플, 2017, pp.96-97
3 L. Hunter Lovins, 2008, Rethinking Production, State of the World-Innovations for a Sustainable Economy, p.38 : 요람에서 요람까지 디자인(Cradle to Cradle design)은 유럽에서 월터 스타헬(Walter Stahel)이 주창한 개념으로 금속은 금속대로, 유기물은 유기물대로 용도가 다하면 다시 새로운 제품의 원료나 생태계의 먹이가 되는 방식으로 재활용될 수 있어야 한다는 이론이다. 이 C2C 개념은 순환경제(circular economics)라는 용어로도 표현되며, 유사한 개념으로 재생산적 설계(regenerative design), 또는 재활용 설계(reutilization design) 등이 있다.

4
고약한 소재 플라스틱

1. 플라스틱이란 무엇일까

| 액체, 기체, 고체는 어떻게 다를까 |

플라스틱의 성질을 이해하려면 분자 구조부터 이야기할 필요가 있다. 같은 고체임에도 플라스틱이 왜 독특한지에 대한 해답이 바로 분자 구조에 있기 때문이다.

모든 물질은 원자 또는 분자라는 기본입자들로 구성되어 있다. 예를 들면 물은 산소 원자 하나와 수소 원자 2개가 뭉쳐서 1개의 물 분자가 된다. 호흡을 하거나 뭔가를 태운 결과로 만들어지는 이산화탄소는 탄소 원자 1개와 산소 원자 2개가 결합된 분자이다. 이 분자들은 물질의 특성을 온전히 가진 가장 작은 단위라 할 수 있다. 대개 분자 구조를 그림 7, 8처럼 표시한다.

그런데 이 분자들이 서로 어떻게 영향을 미치는가에 따라 물

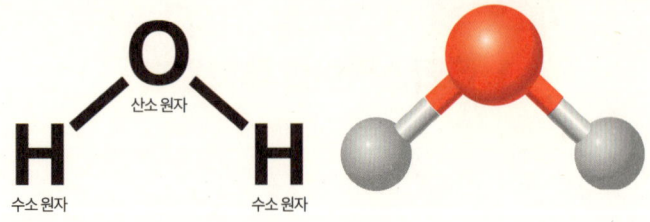

그림 7 산소 원자 1개와 수소 원자 2개가 결합한 물(H_2O)의 분자 구조

그림 8 탄소 원자 1개와 산소 원자 2개가 결합한 이산화탄소(CO_2)의 분자 구조

질의 상태가 달라진다. 물을 예로 들어보면, 분자가 한두 개 있는 것만으로는 물의 존재를 느끼기 쉽지 않다. 몇 개의 분자들이 모였는가에 따라 미세한 수증기가 되기도 하고 굵은 빗줄기의 물방울이 되기도 한다. 물과 같은 액체는 고체와 달리 입자의 배열이 불규칙하고 분자들끼리 결합력이 약해서 어떤 모양의 그릇에라도 담길 정도로 잘 움직인다. 온도를 가하면 분자들의 움직임이 더 활발해지면서 서로 잡아주는 인력의 범위를 벗어나게 되고, 결국 수증기가 되어 떠오른다. 기체는 액체보다도 분자 사이의 결합력이 낮고 인력이 작용하는 거리도 멀다. 온도와 압력에 따라 분자 간의 이동 거리가 자유자재여서 그릇 안에서는 스스로 확산하기도 하고 압축이 되기도 한다.

액체나 기체의 분자들끼리는 결합하더라도 일정한 패턴이나 규칙을 고집하지 않는다. 붙어서 가만히 있을 수 있는 상태가 아니기 때문이다. 그런데 고체의 경우엔 분자들이 아주 가까이서 강하게 붙어 있게 되므로 나름 정해진 형식이 필요해진다. 즉 분자들이 정육면체나 육각기둥과 같은 형태를 이루면서 배치되는데, 이들을 결정 또는 크리스털^{crystal}이라고 한다. 결정이 하나로만 된 것은 단결정 재료이고 여러 개의 결정으로 이뤄져 있으면 다결정 재료라고 한다. 물론 특정한 형식을 만들지 않고 모여 있을 수도 있다. 이런 것은 무결정 또는 비정질 재료인데, 영어로는 '아몰퍼스^{amorphous}'라고 표현한다. 고체들은 결정질 아니면 비정질 둘 중 하나이다. 예를 들면 대부분의 금속, 세라믹, 얼음, 바위 등은 결정질이고 유리는 대표적인 비정질 재료이다.

| 기체를 고체로 바꾸는 마법: 중합 과정 |

이제 다시 플라스틱으로 돌아오자. 우리가 일상생활에서 만나는 플라스틱은 대부분 고체 상태의 물질이다. 액상형인 에폭시 수지나 도료가 아니면 고체 상태의 완성품이다. 그러면 플라스틱의 원료는 어디서 오는 걸까. 바로 원유나 셰일가스로부터 온다. 유정에서 뽑아내는 원유의 예를 들면, 액체 상태의 탄화수소 화합물을 파이프를 통해 증류탑$^{fractionating\ column}$으로 보낸다. 원유는 이 분해 탱크로 들어가기 전에 가열로에 의해 350℃로 가열된다. 증류탑의 제일 위층은 상온 정도로 차갑고 맨 아래층은 350℃ 이상으로 매우 뜨겁다. 그러면 증류탑을 통과하는 동안에 증발하기 쉬운 가벼운 성분들은 위로 떠오르고, 증발이 안 되는 액체 성분들은 아래층으로 나뉘어 흐르게 된다. 분리된 물질들이 얼마나 잘 증발하는가는 탄소 원자들이 얼마나 많이 결합되는가에 따라 달라진다. 즉 탄소수가 낮으면 가벼워서 잘 뜨고, 탄소수가 많은 것은 무거워서 아래로 가라앉는다. 이렇게 증발하는 성질을 이용하여 분류하는 것을 분별 증류$^{fractional\ distillation}$라고 한다. 증류탑에서 가장 가벼워서 위로 뜨는 것은 석유가스$^{petroleum\ gas}$이다. 그 다음으로 휘발유^{gasoline}, 나프타^{naphtha}, 등유^{kerosene}, 경유^{diesel}, 윤활유$^{lubrication\ oil}$, 중유$^{fuel\ oil}$ 순으로 분리된다. 맨 밑바닥에 남는 것이 아스팔트^{bitumen}이다.

    증류탑의 위에서부터 세 번째로 분리되는 성분이 바로 플라스틱 원료가 되는 나프타이다. 액화석유가스나 휘발유에 비해 나프타는 아직은 탄소가 많이 결합된 무거운 탄화수소에 해당한다. 그래서 나프타를 증기와 혼합한 뒤 섭씨 800℃ 이상으로 가열된 파이프를 통과시켜서 좀 더 단순한 탄화수소로 분해^{cracking}한다. 원래 나프타의 탄소수는 5~12개 정도인데 고온의 파이프를 통과하면서 쪼개지면 탄소수 1~4개 정도만 모인 가벼운 탄화수소 혼합물로 분리된다. 이에 해당하는 것이 메탄(CH_4), 에틸렌(C_2H_4), 프로필렌(C_3H_6), 프로판(C_3H_8), C4유분, 연료가스 등으로 약 75%

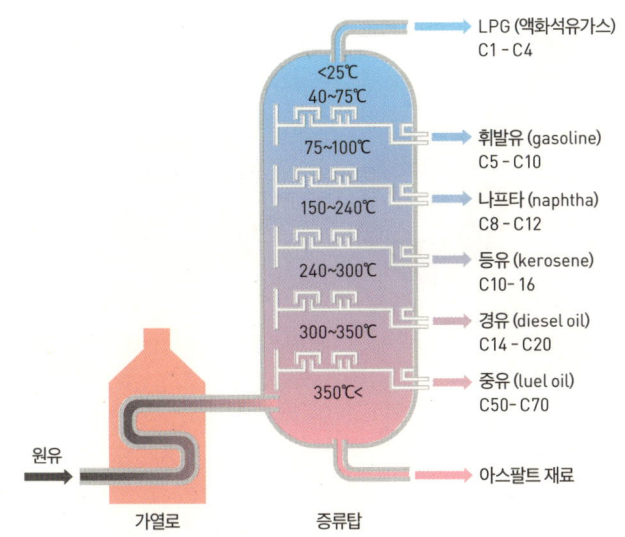

그림 9 분별 증류 공정의 원리

정도 차지한다.[*] 이들은 상온에서 기체로 존재한다. 이것을 고체로 만들기 위해서는 각각의 단위체들이 서로 붙어서 사슬 형태의 거대한 분자 구조를 갖도록 해야 한다. 이러한 중합 과정을 거치면 에틸렌은 폴리에틸렌으로, 프로필렌은 폴리프로필렌으로, 비로소 고분자 플라스틱으로 태어난다.

고분자를 만드는 중합 과정을 조금 더 설명해보자. 복잡한 화학 이야기라 이해하기 쉽지는 않다. 그런데 우리가 일상에서 셀수도 없이 접촉하는 플라스틱이라는 합성고분자는 중합 과정을 통해서만 만들어진다. 플라스틱이 왜 고약한 재질인지를 규명해 주는 열쇠가 바로 이 특별한 고분자 조직에 있다. 그림 10에서 보

나프타 분해시설

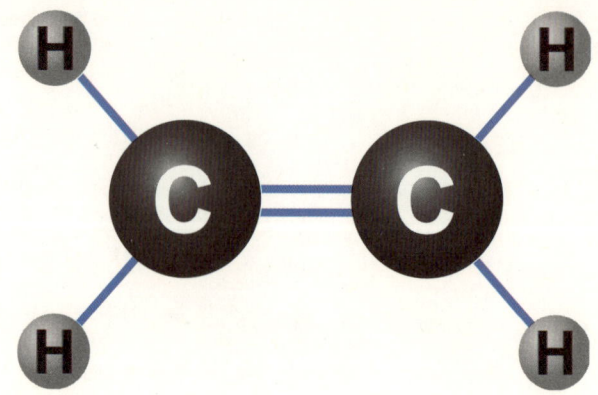

그림 10 단위체인 에틸렌의 분자 구조

는 것과 같이 탄화수소 물질의 주역인 탄소는 다른 원소와 만날 때 잡을 수 있는 팔이 네 개나 있다. 탄소끼리는 서로 두 개의 팔을 맞잡은 이중결합 구조이다. 다른 두 개의 팔로는 수소 원자 하나씩을 잡고 있다. 탄소는 오지랖이 넓은 원소라, 지구상 어디에서도 탄화물들을 만날 수 있다. 탄소는 복잡한 고분자의 사슬형 구조도 잘 만든다.

 고분자가 되기 위해서는 개개의 분자들이 마치 사슬처럼 연속적으로 달라붙게 해야 한다. 그런데 앞에서 설명한 물 분자나 이산화탄소 분자들끼리는 서로 인력에 의해서 떨어지지 않도록 거리를 두고 잡아줄 뿐, 분자들끼리 들러붙어서 마치 한몸처럼 연결되지는 않는다. 이와는 달리 탄화수소 물질들은 조건만 맞으면 스스로 결합하여 고분자를 형성할 수 있다. 물론 조직이 커져서 부피를 갖게 될 때까지 시간이 걸린다. 자연에서 볼 수 있는 천연고무나 셀룰로오스 같은 나무 조직은 대표적인 천연고분자이다. 그런데 진행이 느린 천연고분자와는 달리 인공적으로 합성을 하면 고분자를 빠르게 만들 수 있다. 즉 원료인 단위체를 고온의 분위기 속에 기체 상태로 불어넣으면서 서로 달라붙어 결합하게 만든다. 이런 현상이 그냥 일어나지 않으니, 결합을 돕는 촉매제^{catalyst}가 필요하다. 일단 촉매제가 탄소의 팔 하나를 풀어서 자신을 잡도록 유도하면, 단위체 분자들이 한 줄로 늘어서서 마치 사슬처럼 연결되는 반응을 보인다. 특히 만 개 이상이 모여 거대한 분자 사슬구조를 만들 때 이를 중합체라고 하고, 이 과정을 중합 과정^{polymerization}이라고 한다. 중합체는 우리말로 고분자 화합물이나 고분자 또는 폴리머^{polymer}라고 한다.

그림 11은 에틸렌의 중합 과정을 단계별로 묘사한 것이다. 다른 곳에서도 사슬이 만들어지고 있다. 사슬의 길이가 늘어나면서 최소한 만 개 이상 분자 결합이 완성되면 비로소 고분자가 된다. 이제 모노머가 아닌 폴리머라는 새 이름을 붙여야 할 때이다.

| 고분자는 엉킨 사슬들의 집합체 |

고분자는 단위체를 최소 만 개 이상 연속해서 결합시킨 사슬의 집단이다. 사슬이 한 가닥만 있는 게 아니라 셀 수 없이 많은

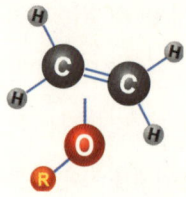 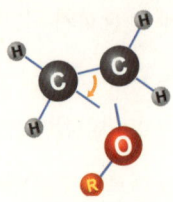

A 에틸렌 가스를 불어넣고 고체촉매를 투입한다. 유기성 페록사이드(organic peroxides)를 촉매제로 활용한다. 열에 의해 분해된 촉매제의 라디칼(붉은색)이 에틸렌 분자를 향해 접근한다.

B 에틸렌의 탄소가 라디칼을 잡느라 탄소의 팔 두 개 중 하나의 방향이 바뀌고 있다.

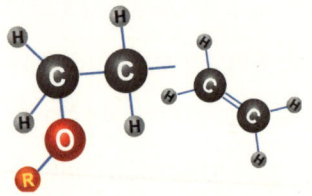

C 탄소의 팔 하나가 라디칼과 결합하면서 이중결합에서 단일결합으로 바뀐 상태가 된다. 이제 접근해오는 에틸렌 분자를 남은 팔로 잡을 준비가 된 상태이다.

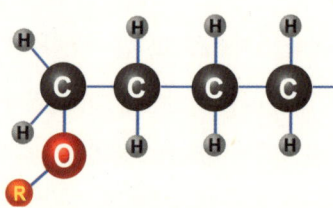

D 에틸렌 분자 두 개가 결합되었다. 아직은 고분자라고 하기엔 분자 수가 부족하다.

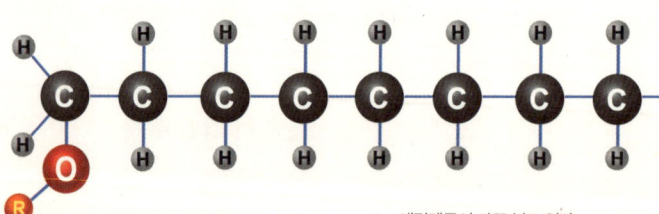

E 에틸렌들이 자꾸 붙고 있다.

그림 11 에틸렌의 중합 과정

가닥이 사방팔방으로 뻗치고 얽혀서 입체적인 덩어리를 이룬다. 개개의 사슬은 분자들의 규칙적인 결합으로 만들어진다. 그러나 한 개의 사슬이 인접하는 다른 사슬과 결합하는 방식은 조금 다르다. 그림 12에서 사슬들의 전개 방식에 대한 대략적인 개념을 볼 수 있다. 실타래로부터 실이 풀린 것을 연상하면서 그림을 보자. A는 선형 사슬인데, 엉키지 않고 실들이 나란히 풀려서 뭉치기만 한 상태라고 할 수 있다. B는 가지형으로, 사슬로부터 짧은 가지가 조금씩 튀어나온 상태로 공간을 차지한다. C는 좀 더 복잡한 모양으로 같은 탄성체의 조직으로 선형 사슬들 사이를 교차하는 사슬이 결합하고 있어서 마치 사다리 같은 모양을 하고 있다. D는 마치 그물망과 같은 열경화성 플라스틱의 구조이다. 그물망은 각 사슬들이 교차하는 지점마다 모두 결합하고 있어서 매우 튼튼하다. 어느 한 방향으로 힘을 주어도 반대편에서 버텨주니 쉽게 변형되지 않는다. 네 가지 사슬구조가 평면에 있는 것이 아니라, 어느 작은 입체 공간을 가득 채우고 있다고 상상해보자. 그리고 사슬끼리 각각의 방식대로 공간을 차지하고 있거나 결합되어 있는 모습을 그려보자. 고체의 특성이 이런 사슬구조에 따라 어떻게든 영향을 받을 거라 추측할 수 있다.

선형 사슬구조에 해당하는 고분자는 고밀도 폴리에틸렌과 PVC, 폴리스티렌이다. 사슬이 잔가지 없이 길게 뻗을 수 있어서 사슬과 사슬 간의 간격이 촘촘해질 수 있다. 이 말은 곧 고밀도 폴리에틸렌이 가능하다는 뜻이다. 가지형의 경우 긴 가지가 있을

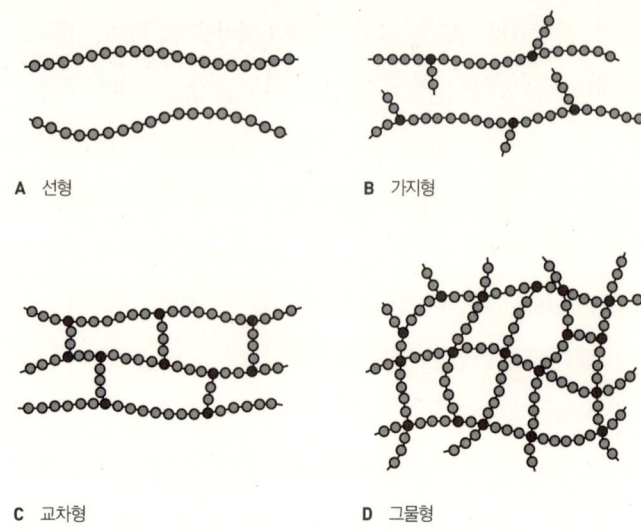

그림 12 고분자의 다양한 사슬구조

수 있고 짧은 가지가 있을 수 있는데, 가지가 길게 나와 있는 사슬은 가지가 차지하는 공간 때문에 서로 가까이할 수가 없다. 따라서 촘촘하지 않은 사슬들로 인해 저밀도 폴리에틸렌^{LDPE}이 된다. 이와는 달리 짧은 가지형은 선형 저밀도 폴리에틸렌^{LLDPE}이라고 부르는데, HDPE보다는 밀도가 낮고 LDPE보다는 높아서 용도를 다르게 하여 쓸 수 있다. 사슬이 촘촘할수록 재질의 밀도가 높아서 다른 액체가 침투할 수 없고 상대적으로 단단하며 강하다. 물론 HDPE같이 밀도가 높다고 다른 성질까지 다 좋은 것은 아니다. 어떤 성능의 제품을 만들 것인가에 따라 다른 요소, 예를 들면 분자량 같은 것을 절충해가며 제조한다. 교차형 사슬구조는 탄성체이다. 어느 쪽으로 힘을 가해도 교차된 사다리형 구조가 힘을 받쳐주니, 찌그려졌다가도 금방 원상회복된다. 가황고무 같은 탄성고무들이 이 구조에 해당한다. 그물형은 열경화성 수지들, 예를 들면 에폭시와 페놀-포름알데히드 같은 재료들이 해당한다. 한번 성형되고 나면 그 이후부터는 아무리 열을 가해도 연해지지 않는다.

폴리에틸렌의
밀도 및 분자량

2. 고약한 신소재

| 연소 자체가 위험하다 |

플라스틱의 조직은 거대한 분자 사슬들이 얼기설기 엉켜 있는 데다가 촘촘하기까지 해서 바깥의 다른 분자들이 침투할 공간이 없는 것이 특징이다. 이렇다 보니 좋은 점도 많지만 나쁜 점도 생긴다. 좋은 점이란 부식이 잘 안 되고, 얇게 만들어도 기밀성이 좋다는 것이다. 나쁜 점들도 있는데, 다른 소재에서는 볼 수 없을 뿐 아니라 치명적이기까지 하다. 이 때문에 플라스틱을 표현하기에 '고약한 소재'라는 수식어가 딱 맞다. 발명 당시 인류가 신소재의 꿈에 부풀게 했던 플라스틱에 '고약하다'라는 불쾌한 수식어가 붙은 이유는 무엇일까.

첫째, 플라스틱은 완전연소가 어렵다. 그 이유는 치밀한 고분자 사슬들 때문에 열분해가 쉽지 않기 때문이다. 열분해^{pyrolysis}란 탈 수 있는 물질이 산소가 제한된 조건에서 온도가 올라감에 따라 분자사슬들이 분해되는 것을 말한다. 이때 분해란 분자량이 큰 구조에서 분자량이 작은 구조나 원자 단위로 세분화되는 것을 말한다. 열분해 현상을 잘 관찰할 수 있는 대표적인 예가 숯을 만드는 과정이다. 우선 나무를 화덕에 넣고 나무에 불을 붙인다. 산소 출입이 원활하지 않은 조건이어야 한다. 불이 붙으면서 주변 나무 조직의 온도가 서서히 올라간다. 열로 인해 분자들의 결합력이 서서히 약해지면서 나무의 섬유질인 셀룰로오스가 분해되기 시작한다.

셀룰로오스는 단백질, 녹말 등과 함께 천연고분자의 일종이다. 분자식으로는 $(C_6H_{10}O_5)n$으로 표기하는데, 이것의 의미는 탄소 원자 6개, 수소 원자 10개, 산소 원자 5개의 단위체 n개가 사슬처럼 결합되어 길게 늘어져 있다는 뜻이다. 열이 가까이 오면 뜨거운 쪽부터 이 결합이 깨지면서 단순한 분자 형태로 제각각 흩어진다. 최대 200℃까지는 수증기만 먼저 나온다. 이후 200~280℃ 사이의 온도 구역에서는 이산화탄소, 목초액과 물이 빠져나온다. 280~500℃ 사이에서 일어나는 실제 열분해는 다량의 타르 및 메탄, 일산화탄소, 이산화탄소 등 다양한 가스를 만든다.[1] 좀 더 온도가 높아지면 수소가스도 나온다. 분해 과정이 모두 끝나면 숯이 남게 된다. 이것이 나무의 열분해 과정이다.

플라스틱도 고분자이므로 열에 노출되면 나무의 섬유질처럼

열분해(위키피디아)

분해되어야 정상이다. 그런데 플라스틱 분자 집단의 사슬들은 매우 촘촘한 것이 탈이다. 사슬이 쪼개져서 탈 수 있는 분자로 나뉘는 사슬절단chain scission이 먼저 일어나야 하는데, 그러기에는 사슬의 길이가 너무 길다. 작은 분자로 쪼개져야만 탄소와 수소분자들이 공기 중 산소와 결합하면서 열과 함께 산화될 수 있다. 그런데 사슬이 길고 촘촘하다 보니 분해되는 속도가 더디다. 불완전 연소가 일어날 수밖에 없는 조건이다. 게다가 셀룰로오스의 단위체인 $C_6H_{10}O_5$에는 산소 원자(O)가 다섯 개씩이나 들어가 있는 것에 비해, 생활용 플라스틱인 PE, PP, PS, PVC 등에는 산소가 아예 들어 있질 않다. 그러다 보니 PS를 태우면 타는 동안 검은 그을음이 치솟으며 역한 냄새를 풍긴다.

스티로폼 또한 마찬가지이다. PVC는 아예 불꽃이 옮겨 붙는 것조차 어렵다. 한술 더 떠서 독성의 염소 성분이 들어 있다. 이런 플라스틱들은 태우면 다이옥신이나 퓨란 같은 환경호르몬과 발암물질이 나오므로 절대 태우려고 해서는 안 된다. 특히 우리나라 시골에서는 마당 한편에서 플라스틱을 포함한 쓰레기를 태우는 경우가 가끔 있다. 이는 건강과 환경에 치명적이므로 해서는 안 될 일이다. 맹독성의 다이옥신이 물에 내려앉거나 작물에 묻을 경우 그대로 사람에게로 옮겨오면서 몸속에 남게 된다. 산모의 몸속에 있는 다이옥신이나 DDT는 태아에게 물려주게 된다. 끔찍한 일이다. 플라스틱의 독성물질에 대해서는 뒤에서 좀 더 자세히 다루겠다.

'고분자 부식'에 대해 더 자세히 알고 싶다면 참조하라.

폴리염화비닐(PVC)에 대해 더 자세히 알고 싶다면 참조하라.

| 생분해 불가능 |

생분해성Biodegradability은 유기물질이 미생물의 효소 작용을 통해 더 단순한 물질로 분해되는 성질을 말한다. 생분해 과정이 완료되면 초기의 유기물질은 물과 이산화탄소 및 메탄과 같은 단순한 무기 분자로 변환된다. 생분해는 탄소를 기반으로 하는 지구 생명체의 생명 주기를 이루는 중요한 자연순환의 과정이다. 햇빛을 받아 이산화탄소를 흡수하는 식물과 조류의 광합성을 통해 포도당을 생성하고 세포를 키운다. 이런 식물의 열매를 초식 동물이 먹고, 초식 동물에서 육식 동물로 먹이사슬이 이어진다. 그리고 식물이나 동물 유기체가 죽었을 때 환경의 거의 모든 곳에 존재하는 미생물은 유기물질을 먹고 대신에 물과 이산화탄소를 대기로 방출함으로써 생명 주기 한 바퀴가 완성된다.

합성고분자인 플라스틱이 생분해되지 않는다는 사실을 실감하기 시작한 인류는 대안을 찾기 시작했다. 생분해가 가능한 바이오플라스틱이나 그린 폴리머 등 자연 속에서 분해될 수 있는 새로운 고분자 기술의 등장을 기대하게 되었다. 왜 플라스틱은 생분해가 되지 않을까.

첫째, 플라스틱은 수만 개 이상의 단위체(모노머)가 결합된 거대 분자들의 사슬이다. 더구나 이 사슬들은 결합 방식이 워낙 튼튼해서 외부의 힘이 가해지지 않고는 다른 원소들의 침입을 허용하지 않는다. 이런 긴 사슬 구조의 중합체를 미생물이 파고들기란 힘들다.

둘째, 많은 중합체는 고도의 불용성이어서 염산 및 황산과 같은 매우 강한 부식성 물질에도 견딜 수 있다. 녹는다는 것은 산이나 알칼리기에 노출된 분자들로부터 이온들이 반응을 일으키면서 빠져나오기 시작하는 것이다. 이러한 특성도 미생물이 효소를 분비하여 녹이는 것을 어렵게 만든다.

셋째, 플라스틱을 만들 때 독성의 첨가제를 넣는다는 사실이다. 미생물이 이런 화학물질을 분해하고 먹으면서도 무사히 생존할 수 있어야 생분해가 진행된다. 하지만 이는 불가능하다. 미생물도 생명체이기 때문이다.

가끔 혼동하게 만드는 자연현상이 있다. 비닐 같은 플라스틱을 햇빛에 오래 놓아두었을 때 색이 바래면서 스스로 부스러지는 것을 본 적이 있을 것이다. 그러나 이것은 광분해^{photodegradation} 현상이다. 생분해와는 다른 문제이다. 큰 덩어리의 플라스틱이 오랫동안 햇빛에 노출되면, 자외선에 의해 약해지면서 갈라지는 현상이 광분해이다. 큰 하우스 비닐이 저절로 부스러지는 현상이 그것이다. 광분해되고 나면 마이크로플라스틱이 되어 바다와 땅속에 있게 된다.[2] 바다에 떠 있는 플라스틱들은 자외선에 노출된 상태로 서로 부딪치고 마찰을 일으키다가 작은 조각으로 분리된다. 마이크로플라스틱으로 인해 오는 피해 중 가장 심각한 것은 지구 생태계가 위협받고 있다는 사실이다. 아무런 잘못 없는 바다 생물들이 생명을 잃고 있다. 차라리 잘게 부스러지지 않고 있으면 어떻게라도 수거하기가 쉬울 것이다. 마이크로플라스틱들이 자연 속에 흡수되기까지는 얼마나 걸릴지 아무도 모른다. 그나마도 바닷물 속에 잠겨 있거나 땅속에 묻혀 있는 플라스틱들은 광분해되는 기회조차 갖지 못한다.

플라스틱이 생분해되지 않는 가장 근본적인 이유는 플라스틱이 인공적으로 만들어졌기 때문이다. 유기물질임에도 지구상의 어느 미생물도 분해할 수 없는 물질은 곧 외계 물질이다. 플라스틱을 외계 물질이라 불러도 조금도 이상하지 않다.

| 재활용이 어려운 소재 |

세상에 나와 있는 플라스틱은 모두 몇 종류나 될까? 이 질문은 마치 밀가루로 만드는 음식은 모두 몇 종류나 될까라고 묻는 것과 조금도 다르지 않다. 마을마다 나라마다 또는 끼니마다 조리법을 달리하면서 먹는 밀가루 음식의 종류를 세는 것은 불가능하다. 플라스틱 또한 마찬가지이다. 페트^{PET}를 예로 들어보자. 마트에서 많이 보는 플라스틱 병은 기본적으로 투명한 페트병이다. 언젠가부터 유리병에 담기던 사이다나 콜라가 페트병으로 옮겨갔다. 색깔이 달라졌고 두께나 감촉도 달라졌다. 입구가 좁은 음료수 병이 있는가 하면 입구가 넓은 식품 용기도 있다. 과연 이들을 동일한 페트병이라 할 수 있을까?

플라스틱 재활용 마크는 7개로 구분되어 있지만, 실제로는 수천 종의 플라스틱이 있다. 색소염료 및 첨가제를 필요한 만큼 조합한 뒤 기본 수지에 첨가하여 만들다 보니 이름만 페트병이지 실제 레시피는 제각각이다. 이들 첨가제들은 원하는 색상, 형태 및 질감을 나타내기 위해 필요하다. 이러한 제조 공정상의 첨가제들은 동일한 플라스틱임에도 물리적 성질을 다르게 만든다. 따라서 같은 용도의 플라스틱 제품들이라 해도, 또는 같은 재활용 마크가 새겨져 있다 해도 한 종류의 플라스틱으로 볼 수 없다.[3] 재활용 코드 7가지 중에서 그나마 활발하게 재활용되는 것은 1번 PET와 2번 HDPE이다. 물론 4번 LDPE와 5번 PP도 재활용되지만 제품의 대부분이 일회용품이나 필름류여서 회수율 자체가 높지 않다. 6번 PS의 경우는 단가가 높지 않아 재활용업체로부터 그다지 환영받지 못한다.

플라스틱 제품의 재활용이 높지 않은 이유는 지나치게 많은 플라스틱 종류와 성질 때문이다. 예를 들면 같은 음료수 용기라 해도 PE와 PS는 녹는 온도가 100℃ 이상이나 차이가 난다. 이 둘을 섞어서 녹이려고 하면 절대 섞이지 않는다. 그럼 녹는점이 비슷한 PET와 PS는 섞일까? 천만의 말씀이다. 이 둘은 분자의 사슬 구조가 전혀 다르고 물성 자체도 다르다. 같은 종류의 플라스틱이라 해도 이미 들어가 있는 첨가제들이 전혀 다르거나, 어떤 성분인지 알 수조차 없다면 재활용을 포기할 수밖에 없다.

게다가 조금이라도 이물질이 들어가면 불량 제품이 되고 만

플라스틱 종류가 얼마나 많은지에 대한 자세한 설명을 볼 수 있다.

다.[4] 플라스틱 용기에 붙어 있는 종이 재질의 라벨, 접착제, 씻기지 않은 페인트, 작은 볼트, 심지어 길거리에서 굴러다니는 동안 붙은 흙먼지 등이 섞여 들어가게 되면 불량 제품을 만드는 꼴이 되고 만다. 왜냐면 생활용 플라스틱류의 제조공정 온도는 160~300℃ 정도인데, 이 온도에서는 불순물이 타서 제거되지 않기 때문이다. 플라스틱 소재가 유리나 금속류에 비해 상대적으로 재활용이 불리한 이유이기도 하다.

| 첨가제는 플라스틱의 꽃? |

플라스틱 제품을 제조할 때 고분자 원료만 쓰이는 것이 아니라 다수의 첨가제도 넣어 혼합한다. 플라스틱의 미래를 지금처럼 활짝 열 수 있었던 데에는 첨가제의 덕이 크다고 할 수 있다. 첨가제의 용도는 광범위한데, 예를 들면 사출 성형, 압출 성형, 블로우 성형과 같은 다양한 공정 환경에서 플라스틱 원료가 잘 반응하게 하는 것이다. 금형의 좁은 공간으로 녹은 플라스틱이 미끄러지며 잘 흘러들어가야 한다. 흐르는 동안 찢어지거나 광택을 잃거나 늘어지면 안 된다. 찍어내고 난 후에도 얇아진 부분의 성질이 다른 부위와 달라서도 안 된다. 이런 작업 공정을 용이하게 하는 것 외에 사용상의 안전을 위해서도 첨가하는 것이 있다. 전기제품과 같이 꾸준히 열에 노출되는 곳에 쓰이는 플라스틱 제품이라면 쉽

가공보조제 process aid	유동성을 증가시켜 플라스틱의 가공성을 향상시키는 데 사용된다.
가소제 plasticizers	플라스틱을 부드럽고 유연하게 만든다.
강화제 reinforcements	재료의 인장 강도, 굴곡 강도 및 강성을 보강하거나 향상시키는 데 사용된다.
광안정제 light stabilizers	자외선에 노출 시 일어날 수 있는 화학적 분해를 억제하는 용도로 적용된다.
난연제 flame retardants	플라스틱 재료에 점화 또는 화염 확산을 방지하기 위해 사용된다.
내산화제 antioxidants	산소에 노출될 때 생기는 산화작용을 막는다. 산화 방지제는 플라스틱이 고온에서 처리될 때는 열 산화 반응을 방지하고, 자외선에 노출될 때는 광산화 현상을 막는다.
내부윤활제 internal lubricants	점도와 열 발산을 낮춤으로써 재료의 용융 흐름을 개선한다. 가공 보조제와도 유사한 용도이다.
내충격제 impact modifiers	플라스틱 제품이 충격을 받았을 때 균열 없이 충격에 견딜 수 있게 한다. 폴리염화비닐(PVC), 폴리스티렌(PS) 및 폴리프로필렌(PP) 재료에 특히 적용된다.
발포제 blowing agents	플라스틱 내 발포 구조를 만들기 위해 공정 중 기체를 형성한다.
생분해성 가소제 biodegradable plasticizers	플라스틱을 부드럽고 유연하게 만들고 제품의 생분해성을 향상시키는 데 사용된다.
열안정제 heat stabilizers	섭씨 180℃를 상회하는 플라스틱 가공 중 생길 수 있는 고분자의 분해를 방지한다.
외부윤활제 external lubricants	가공 중 플라스틱이나 금형의 손상을 막기 위해 외부에서 도포하는 윤활제이다.
염료 pigments	특정 색을 만드는 데 사용되는 작은 분말 형태의 첨가제이다.
위조방지제 anti counterfeiting	플라스틱 제품의 위조 행위를 방지하고 식별하기 위해 투입하는 첨가제로, 형광 증백제 같은 것이 한 예이다.
정전기방지제 antistatic agents	플라스틱은 재질적으로 절연성을 갖지만, 대전될 경우 표면에 정전기를 띨 수 있다. 위생과 안전상 정전기 방지를 위해 투입되는 첨가제이다.
충진제/증량제 fillers/extenders	부피를 증가시켜 원료 비용 부담을 줄이거나, 부피를 줄이더라도 강도가 떨어지지 않게 하는 데 쓰인다.

항균제/생물안정제 antimicrobials/biostabilizers	미생물 오염으로 인한 미적 변화, 전기 절연 특성, 위생 및 재료의 기계적 성질 등의 손실을 방지하기 위해 쓰인다.
향료 fragrances	가정용 제품에 플라스틱 냄새를 제거하는 용도로 사용된다.

표6 첨가제의 종류 및 특성

게 불이 붙어서도 안 된다. 또 정전기가 자주 발생해서도 안 될 것이다. 이런 식으로 가공 공정에 도움을 주고 재질적 안정과 기능 개선 차원에서 요구되는 특성을 갖도록 원료와 함께 투입하는 것이 바로 첨가제이다. 표6은 첨가제의 종류를 좀 더 세분화해서 나열한 것이다.

첨가제별 사용률을 그래프로 그려보면 그림 13과 같다.

플라스틱 산업에 있어서 첨가제가 필수불가결한 요소인 것은 분명하다. 따라서 플라스틱 시장이 확대되면 될수록 고기능성 첨가제에 대한 수요는 더욱 늘 것이고 생산과 적용 규모도 지금보다는 훨씬 확대될 것이다. 여기에는 미국의 셰일가스 산업도 한 몫을 더하고 있다. 셰일가스의 생산이 활발해지면서 플라스틱 원료 수급이 훨씬 더 원활해진 것이다. 셰일가스는 주성분이 메탄과 에탄가스인데, 바로 이 에탄으로부터 에틸렌을 분해해낼 수 있다. 셰일로부터 뽑아낸 에틸렌의 가격은 나프타로부터 뽑아낸 가격보다 절반 이하로 낮아서 미국은 지금 석유화학산업의 새로운 메카로 부상하고 있다.

위링크의 자료를 참고했다.

"경제의 새로운 성장동력 '셰일 화학혁명'…
원료가격 크게 떨어지자 전세계 화학공장 몰려"
한국경제 2018. 10. 1.

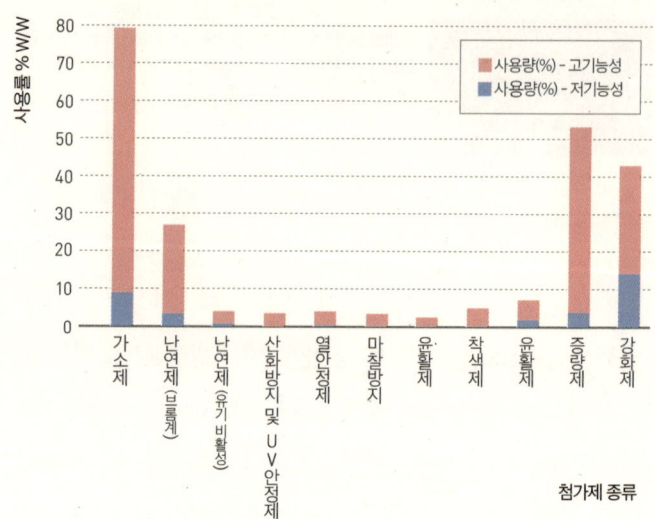

그림 13 플라스틱 소재 중에 빈번하게 쓰이는 첨가제들
인용·편집 출처: J. N. Hahladakis, et al, An overview of chemical additives present in plastics: Migration, release, fate and environmental impact during their use, disposal and recycling, Journal of Hazardous Materials, 2018, Vol.344, pp.185-186.

3. 플라스틱 속의 독성물질

| 감춰진 발톱 |

플라스틱의 원료나 첨가제 속에는 인공적으로 합성해 넣은 화학물질들이 있다. 그 덕분에 지구상에 있는 소재 중 가장 많은 물질의 혼합체가 플라스틱일 것이다. 그런데 이 합성물질 중에는 환경과 생태계로 유출될 때 치명적인 부작용을 남기는 물질들이 있다. 이런 물질들이 유출되는 경로는 다음의 세 가지이다.

첫째, 화학적 경로인데, 플라스틱 속에 들어 있는 유해 성분이 화학적으로 분해되어서 토양이나 물, 생체 내에 침투하는 것이다. 둘째는 열적인 분해인데, 플라스틱을 태우려고 할 때 조직이 분해되면서 빠져나온 유해 성분에 주변이나 생명체가 오염되는 경로이다. 셋째는 광화학적 분해이다. 육지나 바다에 투기된 플라스틱

PVC	가장 고약한 플라스틱 중 하나이다. 주성분인 염화비닐(vinyl chloride)은 독성이 크고 가연성이며 발암물질이다. 태우면 다이옥신을 생성한다. 한때는 음식물 포장재로 쓰이는 랩으로 많이 쓰였으나 금지되었다. 어린이 놀이방에 탄력 있는 바닥재 같은 것으로 PVC를 써왔는데, 알레르기, 천식, 자폐증의 원인이 될 수도 있으니 피하는 것이 좋다.
폴리스티렌 PS	가열되었을 때 스티렌 성분이 나온다. 이는 신경계 독성물질이며 잠재적 발암물질이다. 스티로폼은 발포PS(EPS)인데 컵, 쟁반, 과일용기 등 일회용품이나 음식물 용기 등으로 많이 쓰인다. 하지만 스티렌 성분이 있으므로 열에 노출되지 않도록 주의해야 한다. TV나 콘센트, 에어컨 등 전기용품의 케이스로 많이 쓰는 PS에는 브롬계 난연제가 들어가 있다. 이 역시 발암물질이며 기형을 초래한다. 때문에 PS는 태워서도 안 되지만, 전자레인지에 넣고 가동하는 것도 좋지 않다.[5]
폴리카보네이트 PC	보통 기타(other)로 분류되는 플라스틱 중에 폴리카보네이트(PC)는 가소제 중 비스페놀A(BPA)나 대체제인 비스페놀S(BPS)가 들어가 있는데, 호르몬 교란의 부작용이 있는 물질이므로 주의해야 한다. 연구에 따르면 심장 박동을 늦추거나 불규칙하게 하는 등 심장 기능에 직접적 영향을 주며, 유아들에게 노출되었을 경우 심장 발달에 장애를 줄 수 있다.
그을음과 고형 잔유물	플라스틱 연소의 부산물은 그을음과 고형 잔유물이다. 여기에는 휘발성유기화합물(VOCs)과 중금속 성분이 있을 수 있고, 발암물질인 PAHs, 퓨란 및 다이옥신을 배출할 수 있다. 그을음과 고형 잔류물에서 불안정하고 높은 반응성을 지닌 성분들이 인간 체내로 유입되면 빠져나가지 않고 축적된다. PE를 연소시키는 경우, VOCs와 준VOCs, 특히 올레핀, 파라핀, 알데히드 및 경질 탄화수소를 검출했으며, VOC 중 벤젠은 발암물질로 알려져 있다.[6]
프탈레이트	가소제 중 내분비계 교란 물질로 알려진 프탈레이트(phthalate)는 일부 장난감 플라스틱에 첨가되다가, 1999년부터 EU 등 많은 나라에서 금지하거나 제한하고 있다. 또 난연제 중 PBDE 또한 금지하고 있으나, 전자 및 전기 폐기물의 무분별한 연소를 통해 환경으로 유입될 수 있다.[7]
PET	PET에는 프탈레이트가 들어가 있지 않다. 가장 안심하고 음식물을 담을 수 있는 플라스틱으로 알려져 있으나, 열에 노출될 경우 제조 과정 중 포함된 안티몬이 용출할 수 있다. 비록 기준치에 훨씬 못 미치는 미량이라고는 하나 달가운 일이 아니다. 페트병에 물이 담긴 채 열이나 햇빛에 노출된 기간이 길수록 용출량이 많아진다.[8]

폴리스티렌의 위험

호르몬 교란 부작용이 있는 물질

우리의 건강에 영향을 미치는 플라스틱 파괴의 7가지 유형

> **HDPE와 LDPE**
>
> HDPE와 LDPE 또한 BPA가 없는 등 안전한 것으로 알려져 있다. 그러나 미국 오스틴 대학에서 진행한 실험은 충격적이다. BPA 프리라고 표시된 음식물 용기용 플라스틱 제품 450개를 구입해서 조각을 떼어낸 뒤 소금물 또는 알코올에 일정 시간 담근 뒤 성분 변화를 측정하니, 450 중 70%의 제품에서 에스트로겐 유사 성분이 용출되었다는 것이다.[9] 여기에는 유아용 우유병도 있었고, 모두 새 제품이었다고 한다. 이는 만일 햇빛에 노출된 적이 있거나 식기 세척기나 전자레인지에 넣고 가동한 적이 있는 플라스틱 제품이라면 화학물질 용출 가능성이 더 커진다는 의미이다. 결국 어느 플라스틱 제품이든지 100% 믿어서는 안 된다는 것을 말해준다.

표7 플라스틱을 태울 때 나오는 독성물질

의 경우 햇빛 자외선으로 인해 생기는 표면 열화와 분쇄로 인해 독성물질이 용출될 수 있는 조건이 만들어지기 쉽다. 플라스틱을 태우면 나올 수 있는 독성물질과 배경을 정리하면 표7과 같다.

정리해보면, 플라스틱을 사용할 때는 반드시 다음 사항을 주의하는 것이 좋다.

❶ 절대 음식을 담은 채로 가열하거나 전자레인지에 넣지 말 것. 화학물질의 용출을 촉진할 가능성이 높아진다.

❷ 플라스틱 랩을 사용하지 않는 것이 BPA에 노출될 수 있는 기회를 줄인다. 왁스종이나 양피지를 쓰거나 알루미늄 포일로 대체한다. 플라스틱 음식물 용기 대신 금속이나 유리 용기를 쓴다. 일회성 페트 물병보다는 텀블러를 사용한다. 어쩔 수 없는 상황이라면 BPA 프리 제품을 선택한다.

❸ 가급적 라벨을 유심히 보고 BPA 프리 제품, 프탈레이트 프리 제품을 선택한다. 안전율 100% 보장할 수 있는 길은 아니지만, 조금이라도 오염량을 줄일 수 있다.

❹ 합성섬유 재질의 매트리스나 양탄자, 담요, 장난감, 전자제품 등을 새로 구입했을 때는 자주 환기를 시켜서 휘발성 유기물질을 바깥으로 배출한다.

❺ 최선은 플라스틱을 선택하지 않는 것이다.

| 플라스틱 첨가제 vs. POPs, EDCs |

많은 사람이 플라스틱 제조 공정에 플라스틱 원료만 들어가는 것이 아니라 다른 물질도 들어간다는 사실을 알고 있다. 그러나 얼마나 많은 물질이 들어가는지 제대로 된 정보를 접하기가 쉽지 않다. 워낙 전문 분야인데다 어떤 점에서는 기업비밀에 해당하는 영역으로 인식되어왔기 때문이다. 그렇지만 환경호르몬 사례를 통해서 알 수 있듯이, 생활용 플라스틱 제품 중에서 음식물과 접촉하는 포장재나 용기는 소비자의 건강과 직결된다. 마치 가공식품의 성분과 함량을 표시하듯, 또 곡물의 원산지를 표시하듯 포장재의 성분에 관한 정보도 있어야 하지 않을까? 그리고 다양한 매체와 기회를 통해서 환경호르몬이나 잔류성 유기오염물질 등에 대한 정보가 투명하게 공개되어야 한다. 그런 후엔 소비자

스스로가 플라스틱 제품을 선택할 수 있어야 한다. 슈퍼마켓의 매대에 진열된 상품을 고를 때 소비자들은 대개 품질과 안전을 떠올리며 구매를 저울질한다. 그런데 이에 대한 상세한 정보가 있을 리 없으므로, 대개는 어느 나라 제품인가로 모든 의구심을 유보해버린다. 또 플라스틱 제품을 액체나 기체가 아닌 물체(고체)로서 만나다 보니 건강에 덜 민감한 것으로 인식하게 된다. 건강하지 않은 지금의 플라스틱 소비 패턴은 결코 소비자 잘못만은 아닌 셈이다.

"플라스틱 제조공정에 투입되는 화학물질들이 환경에 누출되면 오랜 기간에 걸쳐 동물이나 인체의 건강에 영향을 주는 것으로 밝혀졌다."

이 문장을 다시 쓰면, "플라스틱 첨가제 중 일부 잔류성 유기오염물질들은 환경호르몬을 유발하는 물질이다"로 쓸 수 있고, 더 줄이면 "플라스틱 첨가제 중 일부는 POPs로서 EDCs이다"가 된다. POP는 잔류성 유기오염물질이라는 영어 단어를 줄인 것인데, 하나만은 아니므로 복수형으로 POPs로 표기한다. EDC는 내분비계 교란물질이며 역시 복수형으로 EDCs로 표기한다. 내분비계 교란을 불러오는 EDCs엔 모두 몇 종류의 화학물질들이 해당할까? 인공적으로 합성한 화학물질들의 종류를 대략이나마 수치화하면 약 8만 5천 종이다. 그중 1% 정도가 안전에 대한 검증을 시도했을 뿐이니 최소한 1천 종 이상은 EDCs에 해당한다고 볼 수 있다. 그중 금지 또는 관리해야 할 물질 POP 28종이 EDC의

EDCs에 해당하는 것들

선두 그룹에 위치한다. 즉 모든 POPs는 EDCs군에 속한다. 플라스틱 첨가제로 쓰이는 화학물질들 또한 일부는 EDCs에 속하고 특정 물질은 POPs에 해당하며 나머지 것들은 합성화학물질군에 속한다. 일부 소수는 자연물질을 그대로 적용하고 있는데, 예를 들면 충전제 목적으로 쓰는 초크, 탈크나 진흙 종류들이다. 그림 14는 첨가제와 POPs, EDCs의 관계를 보여준다.

첨가제가 없으면 플라스틱류는 탄생 자체가 어렵다. 첨가제가 있어서 좀 더 쉽고 안전하게, 디자인에 부합하는 제품을 만들 수 있다. 물론 첨가제로 인한 비용이 들긴 한다. 대신 제조 결함을 줄이고 제품을 오래 사용할 수 있게 하며 소중한 천연자원을 효과적으로 절약하는 등 플라스틱 산업에 있어서 없어서는 안 되는 재료이다. 그렇지만 아직까지 우리나라의 첨가제에 관한 기술력은 그다지 높지 않은 듯하다.[10] 여전히 해외 제조사들의 첨가제를 이용하거나, 소수 품목만 국내 생산이 가능한 것으로 보인다.

첨가제 기술을 포함한 플라스틱 산업의 확대가 달가울 수 없는 이유는, 그와 더불어 환경과 생태계가 져야 할 부담도 커질 것이기 때문이다. 처리하지 못하고 묻거나 태워야 하는 플라스틱의 양은 이미 지구 한계치에 이르고 있다. 2050년이 되면 바닷물 속의 플라스틱이 물고기보다 많아질 거란 전망도 나오고 있다.[11] 독성의 첨가제로 인한 육지와 바다 환경오염은 실로 그 파장이 어마어마하다. 인간의 척도로는 그 피해 정도를 가늠하기조차 힘든 재앙이 다가오고 있을지도 모른다. 그럼에도 사회적 대책을 세우

자연물질을 그대로
적용하고 있는 예

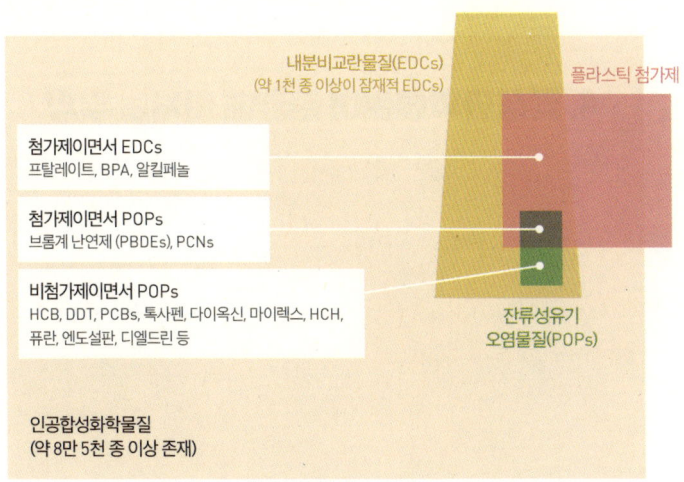

그림 14 플라스틱 첨가제와 EDCs, POPs 사이의 관계

거나 방향을 잡는 일은 더디다. 플라스틱 폐기물에 대한 관심이 커지면서, 앞으로 재활용 활성화를 위한 기술개발과 함께 새로운 첨가제 수요 또한 증가할 것이다. 문제는 합성화학물질인 첨가제들을 과연 모두 믿을 수 있는가이다.

4. 합성화학물질이 환경에 미치는 영향

| 자연이 만들지 않은 화학물질들 |

플라스틱이 상용화된 지 이제 70년에 불과하다. 잠깐 플라스틱 역사의 시계를 되돌려보자. 플라스틱 생산량은 1980년대 말에 이미 철강 생산량을 앞질렀다. 본격적으로 플라스틱 생산을 시작한 지 약 40년 정도밖에 안 된 시점이었다. 그만큼 많은 플라스틱 대체제가 생활 속에 유입되고 있었다.[12] 그러나 그때까지만 해도 인류는 신소재가 펼치는 현란한 마법에 빠져 무슨 일이 일어나고 있는지를 전혀 깨닫지 못했다. 그 마법의 핵심은 바로 인공적인 화학물질과 대량생산이 가능한 제조 공정에 있었다.

제2차 세계대전 이래로 다양한 합성화학물질들이 농업 생산력 증가를 목적으로 땅과 하천, 그리고 공기 중으로 유입되었다.

합성화학물질의 제조 공정 중 부산물들도 비정상적 경로를 통해 환경으로 유입되었다. 이러한 화학물질은 제초제, 살충제, 살균제, 가소제, 폴리스티렌^{PS}, 폴리염화비페닐^{PCB}, 다이옥신 및 알킬페놀 화합물을 포함한다.

인류는 거의 1990년대 이후에야 이런 합성화학물질이 동물뿐만 아니라 인간의 생식기능에도 심각한 부작용을 초래할 수 있다는 가설에 집중하게 되었다. 사실 환경오염물질이 생식 기능에 위협이 될 수 있다는 개념은 이론에 근거한 것이 아니라 현장의 야생 생물학자들의 관찰로부터 먼저 제기되었다.♻ 미국의 5대호 유역에서 물고기를 먹는 새들의 개체 수가 감소하고 있다고 보고된 것이다. 보고서들은 어류, 조류, 파충류, 포유류가 알려지지 않은 합성화학물질로 오염된 환경에 서식하는 동안 생식기능에 문제를 겪고 있음을 알렸다.

당시 미국의 5대호 유역은 다이옥신, PCB와 다양한 유기염소 화합물로 심각하게 오염되어 있었다. 이 사실을 인지한 미국과 캐나다 정부는 1986년에 협정을 맺어 호수 일대를 보호하기로 하고,[13] 특별 관심지역$^{Area\ of\ Concern}$으로 지정해서 관리에 들어갔다. 그럼에도 2009년의 보고서에 따르면,[14] 5대호에 새로 유입된 화학물질들을 포함해서 여전히 오염이 심각한 상태인 것으로 확인됐다. 여기에는 플루오르화 계면활성제, 브롬화디페닐 에테르 및 기타 난연제, 알킬페놀에톡실레이트, 염화파라핀, 프탈레이트 및 개인 위생용품에 섞였을 일부 화합물이 포함되었다.

♻
미국 국립생활공학정보센터 자료 참고

이러한 오염물질들은 호수와 연결된 강 주변의 폐수 처리 시설로부터 온 것은 아니라, 생활용 플라스틱 제품에 광범위하게 포함된 난연제와 가소제 등의 주성분이었다. 이러한 오염의 영향은 호수 주변에 서식하고 있는 동물들에게 생식 기능의 장애를 가져온 것으로 추측되었고 이러한 가설을 뒷받침하는 다양한 보고서들이 나왔다.[15]

그렇다면 이러한 환경오염물질들이 인간에게는 어떤 영향을 미칠까. 환경오염물질이 인간의 생식 건강에 위험을 초래한다는 직접적인 증거는 적다. 이러한 독성의 화학물질이 대량으로 생산되고 유출된 역사가 인간의 수명에 비해 짧기 때문이다. 따라서 직접적인 규명이 쉽지는 않았지만 국제 사회의 지속적인 노력과 연구 끝에, 2002년에 UN WHO 산하 기구인 IPCS에서 결론을 도출한 보고서를 발간했다.[16] 보고서의 문장을 그대로 인용하면, "환경을 오염시킨 특정 화학물질이 정상적인 호르몬 작용을 방해할 수는 있으나, 내분비계 교란물질(EDCs, 또는 환경호르몬)에 노출되었을 때 인체 건강에 악영향을 미친다는 근거는 약하다. 그러나 일부 야생종의 경우 이러한 결론을 내릴 충분한 실험 결과가 있다." 이후 계속된 2009년, 2011년, 2012년의 연구 보고서에서는 좀 더 명확한 결과로 인체에 불임, 암, 기형을 초래할 수 있으며, 또한 갑상선 기능과 뇌 기능 이상, 비만 및 신진대사 저하, 인슐린 및 포도당의 항상성 등 장애를 일으킬 수 있다는 결론을 내렸다.

그러나 2012년 보고서 이후 현재에 이르러서도 EDCs와 인체

호수와 강을
오염시키는 주성분

질병의 상관관계는 아직도 불분명하며 논란이 지속되고 있다.[17] 그 이유로는 EDCs로 분류된 화학물질은 매우 이질적이기 때문이다. 즉 불명확한 배출원에서 다양한 성상으로 다가오는데, 대부분의 EDCs는 사람이 만든 것이지만 일부 EDCs는 자연적으로 인간의 식단에 존재한다는 것이다. 게다가 살충제, 살균제, 플라스틱, 가소제, 합성화학약품 사용, 산업용 용제, 중금속 및 약제 등, EDCs에 노출되지 않을 수 있는 삶의 방식 자체가 가능하지 않다는 논리도 제기된다. 이 책에서는 이런 논란과는 별도로 첨가제와 환경호르몬의 영향에 대해 좀 더 살펴보고자 한다.

| 환경호르몬 = 내분비계 교란물질(EDCs) |

우리는 환경호르몬이란 용어에 익숙하다. 이 용어는 환경 속 화학물질에 노출되었을 때, 생체 내에서 유사 호르몬으로 작용을 한다고 해서 붙여졌다. 국제적으로는 EDCs, 즉 내분비계 교란물질Endocrine Disrupting Chemicals로 많이 쓰인다. 또 내분비계 조절체Endocrine Modulator, 내분비계 활성화 물질Endocrine Active Compounds로도 불린다. EDCs는 광범위한 인공 화학물질뿐만 아니라 천연물질들도 포함되어 있다. 일부 플라스틱 첨가제에 들어 있는 잔류성 유기오염물질POPs 또한 EDCs의 한 종류에 포함된다. 1990년대 말 이전과 달리 인간과 야생 동물이 POPs보다 훨씬 많은 EDC에 노출되

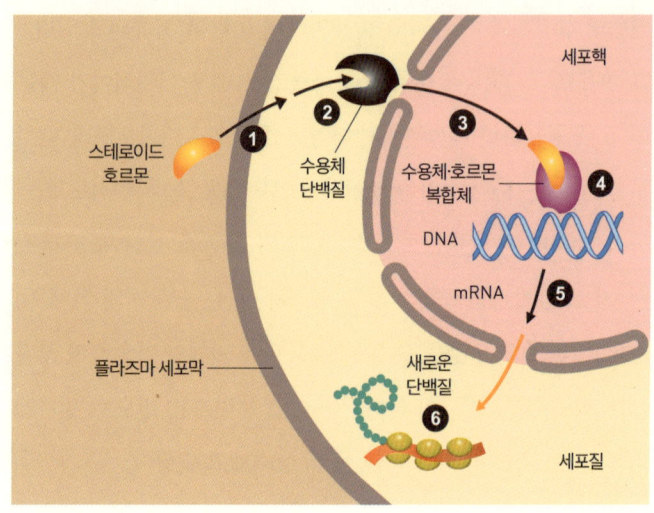

그림 15 정상적인 내분비 시스템이 작동하는 과정
출처: A. Bergman, et al., State of the Science of Endocrine Disrupting Chemicals, Summary for Decision-Makers, 2012, WHO & UNEP P.6.

어 있다.[18] 그림 15는 정상적인 내분비 시스템이 작동하는 과정을 보여준다. 많은 호르몬이 특정 수용체 ❷와 결합하여 새로운 단백질 ❻을 합성함으로써 조직기능을 수행한다. 일부 호르몬은 막의 수용체를 통해서도 일어나며, 이 경우 순식간에 작용이 일어난다.

몸속에 존재하는 EDCs는 마치 호르몬처럼 작용한다. 즉 생체가 만들어내는 호르몬 대신 수용체와 결합하여 가짜 수용체-호르몬 복합체를 만들어낸다. 생체는 EDCs로 인해 이미 호르몬이 있는 줄 착각하고 별도의 호르몬을 분비하지 않게 된다. 그러나 정작 새로운 단백질은 만들어지지 못해서 몸에 필요한 즉각적인 반응을 보이지 못하게 된다. 결국 EDCs는 에스트로겐, 안드로겐 및 갑상선 호르몬 등 대사에 필요한 호르몬들의 결핍을 가져와 이로 인한 부작용을 초래한다. EDCs의 일부는 여러 호르몬 수용체와 동시에 상호 작용하는 것으로 알려져 있다. 또 EDCs는 여러 성분이 함께 작용하여 개별 물질에서 볼 수 없는 종합적인 부작용을 일으킬 수 있다.

DDT 및 PCB와 같은 일부 화학물질은 그 독성을 인정하여 많은 나라가 더 이상 사용하지 않는다. 그럼에도 오래 잔류할 수 있어서, 유출된 많은 양은 여전히 환경을 오염시킨 채 남아 있다. 기술 진보로 인해 새롭게 만들어질 화학물질의 안정성 또한 검증되지 못한 채 미래에 대한 위협으로 남을 것이다. 게다가 환경에 미치는 영향을 평가받지 못한 수천에서 수만 가지의 화학물질들이 여전히 사용되고 있다. 여기에는 플라스틱 산업에 쓰이기 위해 새롭게 개발되는 첨가제들도 해당한다.

| 현재까지 알려진 POPs |

자연에 노출된 잔류성 유기오염물질^{POPs}은 최소한 수년 동안 토양, 물, 그리고 특히 공기를 통한 이동 경로를 따라 환경 전반에 널리 잔류한다. 인간이나 동물이 POPs에 노출되면 주로 신체의

플라스틱산업의 최신개발 및 동향

4 · 고약한 소재 플라스틱

지방 조직에 축적되며, 먹이사슬의 상부에 위치한 종일수록 더 높은 농도로 발견된다.♻ 인간과 야생 동물 모두에게 유독하며, 그만큼 자연환경의 POPs로 인한 오염은 광범위하다. 몸속에 축적된 POPs는 번식 과정 중에 다음 세대로 전이된다.♻ 또한 단 한 가지의 POP가 아니라 다양한 POPs에 노출될 때가 사람과 야생 동물에 더 치명적이었다는 사례도 보고된 바 있다.[19]

POPs에 속하는 플라스틱 첨가제의 유해성에 대한 포괄적인 분석 결과를 요약하면 아래와 같다.[20]

♻
산업용 화학제품의 영향

♻
참조한 원문 PDF

❶ 바다 생물들에 대한 미세 플라스틱 조각의 위협이 갈수록 심각해지고 있다. 즉 먹이로 착각하여 삼키는 동안에 식도가 막혀 죽거나 소화를 시키지 못해 굶어 죽는다. 바닷속을 떠돌아다니는 폐그물이나 비닐봉지, 포장재 등에 몸이 감겨 죽기도 한다. 이와는 별개로 POPs로부터 용출된 독성은 생명체 조직 내에서 또 다른 문제를 야기할 소지가 있다.

❷ 음식물 용기나 포장재로부터 녹아나올 수 있는 잠재적 독성물질PoTSs, Potentially Toxic Substances에 대해서는 명쾌한 결론을 말하기가 어렵다. 왜냐하면 독성물질의 농도나 이동 경로는 접촉 시간과 사용 온도, 그리고 저장 환경에 따라 달라지기 때문이다. 예를 들면 지방질이 풍부한 음식물의 경우 첨가제로부터의 독성물질 유입량이 높았다는 시뮬레이션 결과가 있다. 조리할 때 전자레인지를 사용하는 경우 일반 오븐에 비해 유입되는 성분이

적다고는 하지만, PVC 재질의 포장재는 전자레인지에서조차 사용해서는 안 된다.

❸ 잠재적 독성물질들[PoTSs], 예를 들면 중금속, 브롬계 난연제[BFRs, Brominated Flame Retardants] 잔류성 유기오염물질[POPs]과 다환성 방향족탄화수소[PAHs, Polycyclic Aromatic Hydrocarbons]들은 재활용 처리 공정 중에 누출의 가능성이 있다. 특히 열악한 노동환경 속에서 정확한 절차나 지식 없이 플라스틱 폐기물을 분류하고 재순환 공정을 진행하는 개발도상국가의 노동자들은 이러한 위험에 노출될 가능성이 크다. 또한 전자 및 전기제품의 경우처럼 다른 나라에서 생산된 제품을 수입해서 쓸 경우 해당 국가의 첨가제에 대한 규제가 소용없게 된다. 정체가 불분명한 PoTSs의 존재로 인한 위험은 고스란히 해당 국가의 소비자에게 돌아가며 장기적으로는 그 나라의 환경에도 영향을 미친다.

잔류성 유기오염물질[POPs]에 관한 국제적 협약이 2001년 5월 22일 스웨덴 스톡홀름에서 열렸다.♧ 이 협약은 POPs의 유해한 영향으로부터 인체 건강과 환경을 보호하기 위한 국제적 시도였다. 이때 12개의 POPs를 지정하기로 협의했다. 이 협의안은 2004년 5월 17일 초기 151개의 국가와 유럽연합이 비준함으로써 발효되었다. 그 후 협약은 2017년까지 추가로 16개의 POP들을 추가하여 모두 28개를 지정했으며, 서명국 또한 181국으로 늘어난 상태이다.[21] 우리나라는 2001년 10월에 협약에 가입하여 2007년 1월에

스톡홀름협약의 홈페이지

4 · 고약한 소재 플라스틱

비준했다.☺ 주목할 만한 비서명국으로는 미국과 이탈리아, 말레이시아, 그리고 이스라엘이 있다. 협약은 독성의 정도에 따라 3개의 카테고리로 나눠서 대책을 제시했다. 즉 ❶생산 및 사용을 금지, ❷제한적 사용, ❸의도하지 않은 발생을 줄이되, 궁극적으로는 금지하도록 정하고 있다.

이 협약이 구체적으로 독성 POPs를 지정하고 관리하고자 한 점은 매우 고무적이긴 하다. 하지만 한 번에 지정되지 않고, 2001년 12개로 시작해서 2017년에 이르러서 28개로 늘어났다는 사실은 시사하는 바가 크다. 그중 하나가, 독성물질을 검증하고 영향력을 깨닫기까지 걸리는 과정이나 시간은 결코 인위적일 수가 없다는 사실이다. 마음만 먹으면 독성과 비독성을 구별해낼 수 있는 능력이 인간에게는 없을지도 모른다. 지구라는 생태계 안에서 일어나는 모든 현상과 결과들은 순환주기가 있고, 이를 반복한다. 지금 현세대에 생태계로 스며든 독성물질이 다음 세대로 이전하여 여전히 영향력을 가질 거라고 짐작하는 건 조금도 이상한 일이 아니다.

인터넷에 플라스틱 첨가제를 검색하면 '플라스틱 산업의 꽃'이라는 둥, '소프트웨어'라는 둥 전혀 어울리지 않는 수식어를 찾을 수 있다. 과연 그럴까? 정밀화학기술의 산물이라는 이유만으로 합성화학물질들을 의심 없이 생활 속으로 끌어들여서 써야 하는 물질주의의 끝은 과연 어디일까. ☺

환경부 홈페이지
스톡홀름협약문 자료

POPs 명칭	용도	스톡홀름 협약의 관리기준			우리 정부 조치-특정 면제	
		금지	제한	비의도적 발생 관리	등재/시행	특정 면제
알드린 Aldrin	살충제	○			08년	
클로르데인 Chlordane	살충제	○			08년	
클로르데콘 Chlordecone	농약	○			11년	국내 없음
디엘드린 Dieldrin	살충제	○			08년	
엔드린 Endrin	살충제	○			08년	
마이렉스 Mirex	살충제	○			08년	
톡사펜 Toxaphene	살충제	○			08년	
헵타클로르 Heptachlor	살충제	○			08년	
헥사브로모비페닐 HBB	난연제	○			11년	
헥사브로모사이크로도데칸 HBCD	난연제	○		○	13년/15.3.24	(생산·사용) 건축 자재로의 발포 폴리스티렌 및 압출 폴리스티렌 (면제 종료일) 2020.10.27
헥사브로모디페닐에테르 및 헵타브로모디페닐에테르 c-octaBDE	난연제	○			09년/11.4.5	(사용) 동 물질을 포함하거나 포함 가능한 재활용 물질로 제조된 완제품(단, 환경친화적 재활용 및 처리하는 경우) *생산에 대한 특정 면제 없음 (면제 종료일) 2030.12.31
헥사클로로벤젠 HCB	살균제 (농약)	○		○	08년	
α-HCH	농약	○			11년	국내 없음
β-HCH	농약	○			11년	국내 없음
γ-HCH (린단)	농약	○			11년	이 제거제 등 전문 의약품으로 사용 중
펜타클로로벤젠 PeCB	살균제 농약	○		○	11년	국내 없음
폴리염화비페닐즈 PCBs	절연제 냉각제	○		○	05년/08.1.27	(사용) PCBs를 이용하는 장비 (변압기, 콘덴서 등) *생산에 대한 특정 면제 없음 (면제 종료일) 2025.12.31
엔도설판	살충제	○			15년	
테트라브로모디페닐에테르 및 펜타브로모디페닐에테르 BDE-47 and BDE-99	난연제	○			09년/11.4.5	(사용) 동 물질을 포함하거나 포함 가능한 재활용 물질로 제조된 완제품(단, 환경친화적인 재활용 및 처리하는 경우) *생산에 대한 특정 면제 없음 (면제 종료일) 2030.12.31

물질명	용도			등재연도/ 국내시행일	비고
폴리염화나프탈렌 PCNs	살균제 살충제	○		15년/18. 10. 17 (특정 면제 신청 여부 검토 중)	(생산·사용) 옥타플루오로나프탈 렌을 포함한 폴리플루오리네이티 드나프탈렌 생산 과정의 중간체 ※특정 면제 신청일로부터 5년 (추가 5년 연장 가능)
헥사클로로부타디엔 HCBD	솔벤트	○		17년	
펜타클로로페놀, 염류 및 에스테르 PCP	살균제 살충제	○		13년/18. 10. 17 (특정 면제 신청 여부 검토 중)	(생산·사용) 전신주와 가로대 용 도(단, 펜타클로로페놀 함유 식별 표시를 한 경우) ※특정 면제 신청일로부터 5년 (추가 5년 연장 가능)
데카브로모디 페닐에테르 c-decaBDE	난연제	○		17년/시행 예정 ('19년 중 법령 개정 및 비준)	(생산·사용) 자동차 부품, 항공기 부품, 직물 제품, 가정용 난방 첨 가제, 건축 우레탄폼 등 ※특정 면제 신청 일로부터 5년 (추가 5년 연장 가능)
단쇄염화파라핀 SCCPs	절삭제 냉각제	○		17년/시행예정 ('19년 중 법령 개정 및 비준)	(생산·사용) 고무 생산 첨가제, 고 무 벨트 부품, 가죽업계 제품, 윤 활유 첨가제, 장식 전구 튜브, 난 연 페인트, 접착제, 금속 가공, 가 소제 등 ※특정 면제 신청 일로부터 5년 (추가 5년 연장 가능)
DDT	살충제		○	08년	
과불화옥탄술폰산, 그 염류 및 과불화옥탄술포닐 플루오라이드 PFOS	표면 보호제 세정제 난연제	○		09년/11. 4. 5	(생산·사용) 다음의 허용 용도 또 는 허용 용도를 위해 생산되는 화 학물질의 중간체 • 포토 이미징(Photo imaging) • 반도체용 감광제 코팅 및 반사 방지 코팅 • 화합물 반도체 및 세라믹 필터 용 식각물질 • 항공 유압 작동유 • 외부 배출이 없는 시설(closed- loop system)에서의 금속 도 금(초경합금 도금) • 특정 의료기기(에틸렌-테트 라플루오로에틸렌-코폴리머 (ETFE) 레이어와 방사선 비 투과성 ETFE 생산, 체외진단 의료기기 및 CCD 컬러필터) 화재 진압용 거품 (종료일) 반영구적 허용 *대체 물질 개발, 추가적 위해성 발견 등의 경우 당사국간 협의에 따라 허용 용도도 철회가 가능
PCDDs Dioxins	다수 물질		○	08년	
PCDF Furans	다수 물질		○	08년	

표 8 스톡홀름협약에서 지정한 POPs 28종과 우리나라의 대처 상황
출처: 환경부 홈페이지, 잔류성 유기오염물질 관리 업무 처리 지침(2019. 1)

미주

1. 온도 데이터 참조 S.C. Bhatia, Advanced Renewable Energy Systems, 2014, Pages 473-489
2. A. Halle, et al., Understanding the Fragmentation Pattern of Marine Plastic Debris, Environmental Science & Technology, 2016, Vol.50, pp.5668-5675
3. Eureka Recycling, Recycling Plastic: Complications & Limitations, updated April 2009.
4. Margaret Sobkowicz, Toward a circular economy: Tackling the plastics recycling, Jan. 19, 2019, (https://theconversation.com)
5. L. V. Wabeeke, Flame retardant plastics: a general review, International Polymer Science and Tech. 2002, Vol.29, No.2,
6. R. Verma, et al., Toxic Pollutants from Plastic Waste- A Review, Procedia Environmental Sciences 2016, Vol.35, p.705.
7. 같은 논문
8. 같은 논문
9. National Public Radio Inc. Study: Most Plastics Leach Hormone-Like Chemicals, 2. Mar. 2011.
10. 한정우 외, 정밀화학 기능성 첨가제 산업동향 및 기술개발 방향, 한국산업기술평가원, 이슈리포트 2015, Vol.15-8.
11. Sutter, John D. (12 December 2016). "How to stop the sixth mass extinction". CNN.
12. Roland Geyer, et al., Production, use and fate of all plastics ever made, Science Advances, Vol.3, no.7
13. 미국-캐나다 오대호 수질협정 (1987년 프로토콜, 부속서 2)
14. Great Lakes Water Quality Agreement Work Group Report on Chemicals of Emerging Concern, August 2009
15. B. J. Danzo, The effects of environmental hormones on reproduction, CMLS, Cell. Mol. Life Sci. 54 (1998) pp.1249-1264.
16. Global Assessment of the State-of-the-Science of Endocrine Disruptors, (IPCS, 2002).
17. Duk-hee Lee, Evidence of the possible harm Encronine-Disrupting Chemicals in Humans:Debates and Key Issues, EnM, 2018, Vol.33, pp.44-52.
18. State of the Science of Endocrine Disrupting Chemicals, Summary for Decision-Makers, 2012, WHO & UNEP P.6.

19 레이첼 카슨, 『침묵의 봄』, 에코리브르 2011. pp.256-257
20 J. N. Hahladakis, et al, An overview of chemical additives present in plastics: Migration, release, fate and environmental impact during their use, disposal and recycling, Journal of Hazardous Materials, 2018, Vol.344, p.195.
21 The 16 New POPs, Stockholm Convention on POPs, UNEP, June. 2017.

5

어떻게 재활용할 것인가

1. 적극적 재활용 vs. 소극적 재활용

| 재활용의 미학 |

　국어사전을 찾아보면 쓰레기를 이렇게 정의하고 있다. 비로 쓴 먼지와 그 밖의 못 쓰게 되어 내버릴 물건의 총칭. 여기서 못 쓰게 된 물건이란 곧 고장이 나서 못 쓰게 되었거나 용도를 다해서 쓸 일이 없는 물건이다. 이렇게 내버리는 물건은 사실 여러 부품과 재료들의 조립품이다. 쓰레기를 법률적으로 표현한 단어가 폐기물이다. 우리는 흔히 생활쓰레기 또는 생활폐기물이라는 말을 많이 쓴다. 그런데 이 단어는 낙인과도 같아서 어떤 물건 하나의 생애를 끝장내는 파괴력을 지닌다. 무심코 쓰레기라는 접미어를 붙여서 생활 밖으로 분리하는 순간부터 이 물건은 내 손으로는 다시 만질 일이 없게 된다. 하지만 이는 애석한 일이기도 하다.

자원순환적 시각으로 본다면 여전히 유용한 자원과 재료로서 가치가 있을 수 있다. 쓰레기 또는 폐기물이라는 호칭은 온갖 수단을 다 동원했음에도 다시 쓸 수 있는 방안이 없을 때 붙여야 한다. 물건을 분리할 때 맨 마지막 단계에서 포기해야 할 물건이나 물질에 붙여야 맞는 단어이다. 그 외의 것들은 여전히 어떤 면에서는 쓸모가 있는 것들이다. 기능이 충분치 못하다면 물건으로는 수명이 다했다고 보고, 대신 자원으로서 유용한 재료나 부품은 회수하여 재활용해야 한다.

이렇게 본다면 재활용이란 단어는 매우 폭넓게 쓰일 수 있다. 다시 활용한다는 것은 쓰임새를 더 연장하는 일이다. 다른 곳에서 다시 쓰는 일, 고쳐서 쓰는 일, 일부만 쓰는 일, 아니면 재료만 쓰는 일 등을 모두 포함한다.

재활용은 매우 창의적이고 생산적인 작업이다. 버리기 직전의 물건을 앞에 두고 어떻게 살릴 수 있을지를 고민하는 일부터 시작하게 된다. 그런데 이 일은 상상력 없이는 안 된다. '고장 난 물건의 내부에 어떤 일이? 또는 이 부품을 저기다 쓰면?' 등의 상상을 할 수 없으면 다시금 그 물건을 자세히 들여다볼 의지를 갖지 못한다. 상상력은 생명의 소재를 되찾는 일이기도 하다. 물건으로 치자면 쓸모를 다시 부여하는 일이다.

그런데 물질주의에 지나치게 물들어버린 지금의 문화는, 소비 영역과 생산 영역의 구분이 엄격해서 일반 도시 생활자 중 대부분이 시중에서 파는 제품을 소비하는 것에 일생의 많은 시간을 할애한다. 자신의 아이디어나 노동력이 투입된 생산물을 만드는 일은 거의 이벤트 수준으로 발생할 정도이다. 그렇지만 예외도 있어서, 창의적이거나 공작 기술이나 열정이 있는 사람들은 직접 생산하기도 한다. 이렇게 스스로 생산하면서도 소비하는 사람들을 '프로슈머prosumer'라고 부른다. 프로슈머가 되는 일은 어렵지 않다. 호기심과 관심, 배우려는 열정이 생산적 자아를 갖게 한다. 가지고 있는 기술의 수준이나 도구는 그다지 중요하지 않다. 생활 기술을 배울 수 있는 곳은 많다. 또 인터넷을 통해 얻을 수 있는 자료도 무궁무진하다. 마음만 먹는다면 얼마든지 프로슈머의 길에 동참할 수 있다.

재활용을 활성화하는 일은 지구 생태계를 위해서도 꼭 필요하다. 특히 자원순환의 원칙이 적용된 재활용이어야 한다. 자원순환이란 쓰레기 발생을 최대한 억제하기 위하여 재사용·재생·재순환하며, 불가피하게 남은 쓰레기는 환경에 미치는 영향을 최소화하여 처리하는 것을 의미하고, 이런 활동이 활성화된 사회를 자원순환사회라고 한다.♻ 기존 사회가 발생한 쓰레기를 어떻게 처리하는지에 초점을 맞췄다면, 자원순환 사회는 쓰레기의 발생 자체를 어떻게 줄이느냐에 초점을 맞춘다.

지구에서 얻는 자원은 인간의 것만이 아닌 자연 자산이다. 혼자서 소모해버리면 누군가는 쓰지 못하는 한정된 자산이며 개인의 소유나 용도로 독점해서는 안 된다.[1] 따라서 천연자원을 사용하고자 할 때는 순환의 원칙에 맞아야 한다. 재활용은 물건이

지속가능발전포털에서 제공하는 자원순환 정의와 방법

나 물질의 순환을 이루는 일이므로 의미 있다. 더군다나 플라스틱과 같이 유기물 자원을 용도가 다 됐다는 이유만으로 폐기 처분하는 일은 바람직하지 못하다. 재활용은 물건의 효용성에 대한 미학이다. 인간이 지구가 허용해준 자원을 쓰기에 앞서 생태계를 위해 할 수 있는 최소한의 미덕이자 예의이다.

| 재활용의 종류 |

재활용은 쓰지 못하게 된 물건이나 물질을 고치거나 다른 용도를 주거나 혹은 다른 방식으로 쓰임새를 유지하고자 하는 것을 말한다. 즉 물건이나 물질이 성능을 발휘하며 쓰이는 여정 중 마지막 단계에서 '버린다'거나 '폐기한다'는 선고 대신 '여정을 연장하거나 처음으로 되돌리는' 대단히 창의적이며 생산적인 방법이 재활용이다. 자원순환경제를 이루기 위해서 없어서는 안 될 개념이다.

'재활용'이란 단어는 매우 포괄적인 의미를 지녔다. 재활용의 구체적인 방법을 열거하자면 매우 다양한 방법이 제안된다. 인터넷에서는 3R, 6R, 9R 등 다양한 해석과 개념들이 제안되고 있음을 알 수 있다. 그렇지만 재활용은 개념이 아니라 구체적인 방법이어야 하고, 실행할 수 있어야 한다. 여기서 제안하는 재활용은, 거부하기[Refuse], 줄이기[Reduce], 재사용[Reuse], 재생[Repair], 새활용[Upcycling],

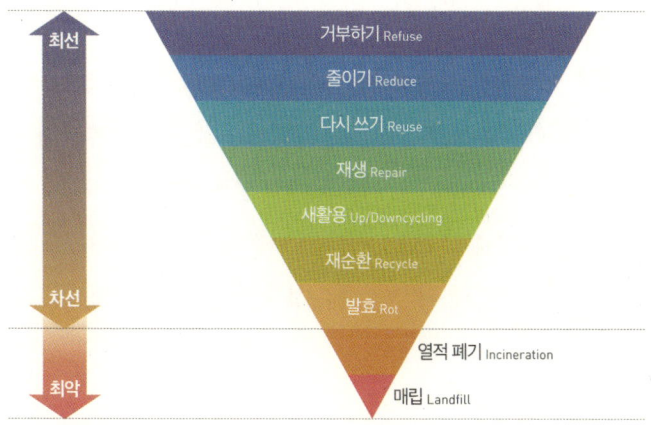

그림 16 재활용 역피라미드

재순환^{Recycle}, 발효^{Rot}, 열적 폐기^{Incineration}가 있고 마지막으로 매립^{Landfill}이 있다. 이 재활용 체계는 최근에 와서 그림 16처럼 역피라미드 형태로 많이 표현된다. 재활용 단계는 더욱더 넓게 활성화해야 하는 반면, 태우거나 매립하는 행위는 최소화해야 하기 때문이다.

재활용의 각 단계의 의미를 좀 더 설명하면 다음과 같다.

단계 1 거부하기 Refuse
물건을 선택하는 단계에서부터 아예 플라스틱을 선택하지 않는 것이다. 상품의 수명과 사용 주기, 재활용성을 염두에 두고 목재나 철재, 또는 도자기 등 다른 재종의 상품을 선택한다.

5 · 어떻게 재활용할 것인가

단계 2 **줄이기** Reduce
플라스틱 제품을 일부 허용하되, 무작정 새로 들여오는 것이 아니라 재사용할 수 있거나 대체재를 쓸 수 있는 경우엔 새 플라스틱을 쓰지 않는다. 예를 들면 비닐봉지 대신 장바구니 사용하기, 비닐팩에 든 계란보다는 종이팩에 든 계란 구매하기, 쌀이나 콩 등 곡물류를 구입할 때 포장된 것 말고 유리병에 담아 사오기 등이다.

단계 3 **재사용하기** Reuse
용도가 다했지만 일부 구성품 중에 여전히 기능할 수 있는 부품들은 다시 쓰는 것이다. 컴퓨터 부품을 옮겨가며 쓰기, 옷과 책 물려주기, 버리기보단 나눠 쓰거나 공유 매장이나 중고 매장 활용하기 등이다.

단계 4 **재생** Repair
물건의 고장 난 부위를 고쳐서 다시 성능을 회복하는 일이다. 예를 들면 오래 신어서 닳은 구두의 굽만 교체해서 신는다거나, 깨진 플라스틱 바구니를 본드로 붙여서 다시 쓴다거나, 용접 부위가 녹슬어서 떨어져버린 책상 다리를 다시 용접한다거나 하는 등이다.

단계 5 **새활용** Upcycling/Downcycling

버려야 할 물건을 다른 용도로 바꾸어서 사용하는 방법이다. 안 쓰게 된 페트병을 화분으로 쓴다든지, 자동차 배터리를 교체하면서 헌 배터리에 태양광 패널을 연결하여 생산된 전기를 모은 뒤 현관 등의 전원으로 쓰는 것이다. 이렇게 용도를 바꾸어서 쓰되, 물건의 본래 기능보다 향상된 기능을 부여하면 업사이클링, 낮은 수준의 기능을 부여하면 다운사이클링이라 부른다.

단계 6 **재순환** Recycle

보통 재료 차원에서 다시 활용하는 것을 재순환이라 한다. 영어로는 리사이클이라 쓰는데, 이를 종종 재활용으로 해석하는 곳도 있다. 그런데 재순환^{Recycle}과 재활용^{Recycling}은 다른 의미로 쓰인다. 재순환은 재질적으로 녹여서 다시 제품으로 찍어내는 과정이란 의미이다. 그냥 더 쓰거나 고쳐서 쓰는 것으로 안 되니, 녹여서 다시 제품으로 생산하는 단계가 바로 재순환이다. 깨진 유리를 녹여서 유리병을 만들거나 고철들을 다시 제련하여 파이프와 강판으로 찍어내는 일, 플라스틱을 다시 분쇄해서 원료 펠릿으로 만드는 것이다. 즉 원료 단계로 되돌아간다고 해서 재순환한다고 한다. 이와는 달리 재활용이란 용어는 다시 쓰는 작업을 모두 포괄하는 용어이다. 있는 그대로 쓰든, 고쳐서 쓰든, 녹여서 새로운 제품을 만들든, 모두 다시 활용한다는 개념에 해당하므로 재활용이라고 할 수 있다. 재순환은 전문 지식과 설비, 공장 같은 곳에서 할 수 있는 전문적인 공정 자체이다.

단계 7 **발효** Rot

유기성 물질들은 미생물들에 의해 분해된다. 미생물과 효소가 만드는 발효라는 현상을 식생활에 도입할 줄 알게 되면서, 조리와 식량 저장, 주류 제조 및 영양분으로부터 에너지원 섭취가 가능해졌다. 발효는 미생물들의 소화 작용을 이용하는 것인데, 호기성 소화와 혐기성 소화로 구분한다. 호기성 소화로는 건식 퇴비를 얻고, 또 혐기성 소화로는 유기성 쓰레기로부터 액체 퇴비와 메탄가스를 얻는다. 환경 조건을 잘 맞춰주기만 하면 일반 가정에서도, 또는 마을 단위에서도 발효를 통해 음식물 잔재나 낙엽, 톱밥 등을 효과적으로 소화시켜 다시 자원화할 수 있다. 유기물로부터 연료 가스를 얻는 방법은 순수하게 미생물 소화를 이용하는 방법과 열분해 공정을 거쳐서 가스화하는 방법 두 가지가 가능하다. 발효 공정, 즉 미생물 소화는 젖은 유기물을 대상으로 하면서 에너지를 가하지 않는다. 이와는 달리 열분해 공정은 마른 유기물을 에너지를 가해서 분해하면서 가스를 발생시키므로, 두 방식은 본질적으로 다르다. 순수한 발효를 통한 분해 공정은 열을 가해서 분해하는 공정과 분리시키는 게 합리적이다.

단계 8 **열적 폐기** Incineration

탈 수 있는 물질을 태워서 없애는 방법으로 플라스틱의

마지막 여정 중 하나이다. 단지 태우기만 하는 게 아니라 열분해 가스화나 고형 연료화된 쓰레기를 태우면서 에너지를 생산하는 것 모두 소각에 해당한다. 다만 정책에 따라서는 에너지회수라고 해서 단순 소각과는 분리해서 부르는 경우도 있다. 현재 에너지회수를 포함한 소각을 재활용으로 간주하고 권장해야 한다는 의견이 있는가 하면, 대기오염 등 부작용이 있으므로 막아야 한다는 의견이 있는 등 논란의 여지가 있다.

단계 9 **매립 Landfill**

쓰레기의 마지막 여정이다. 태우지도 못하는 쓰레기를 땅속에 묻고 흙으로 덮는다. 세월이 흐르면서 내부에서 분해가 시작되면 합성 가스가 올라오는데 이를 이용하여 발전하거나 열을 얻기도 한다. 그러나 분해되지 않는 플라스틱류는 땅속에서 얼마나 시간이 흘러야 분해가 될지 아무도 모른다. 매립은 소각과 함께 가장 마지막에 하는 방법이면서 최대한 피해야 할 처리법이다.

| 가정용 쓰레기 분리배출의 현주소 |

우리나라에서 쓰레기를 배출하는 요일은 지자체마다 다르다. 월수금이라든지 화목토라든지 요일을 정해놓고 배출하게끔

되어 있다. 우선 배출하는 방식에는 큰 차이가 없다. 종이류, 플라스틱류, 유리병류, 캔류는 재활용쓰레기로, 나머지는 탈 수 있는 쓰레기와 타지 않는 쓰레기로 구분하여 내놓는다. 스티로폼과 비닐류도 분리해서 배출하고 있다. 쓰레기 수거 방식은 연립이나 상가, 단독주택의 밀집 지역의 경우와 아파트 단지의 경우가 다르다. 그림 17은 분리배출된 재활용쓰레기의 이동 경로를 보여준다.

연립이나 상가, 단독주택의 밀집 지역에서 나오는 쓰레기의 수거는 지자체가 직접 담당한다. 지자체는 민간 대행업체와 위탁계약을 맺어 쓰레기 운반서비스를 대신 수행하게 한다.[2] 예전엔 직영 방식도 있었으나, 비용 절감 및 효율을 높이기 위해 위탁계약방식을 많이 선호한다. 대행업체에서 나온 수거 차량은 동네 곳곳과 가로변을 찾아다니며, 배출된 쓰레기들을 수거한다. 쓰레기 운반업체는 쓰레기를 재활용품, 가연성 고형쓰레기, 불연성 고형쓰레기로 다시 분류한다. 그런 뒤 재활용품 쓰레기는 민간 재활용 선별장에서 선별 작업을 통해 재분류한다. 여기서 분류된 재활용 가능품은 인근의 재활용 전문업체로 보낸다. 음식물쓰레기와 대형쓰레기에 대한 수거 방식과 대행업체도 정해놓고 있다.

아파트 단지와 공동주택은 관리사무소가 쓰레기 운반업체를 선정하여 계약을 맺은 후 정해진 날마다 배출된 쓰레기를 가져가도록 한다. 수거해 가는 쓰레기는 재활용품, 가연성 일반쓰레기와 불가연성 일반쓰레기, 음식물쓰레기와 대형쓰레기 등이다. 이 중 재활용품류는 민간 선별장으로 보낸다. 민간 선별장에서

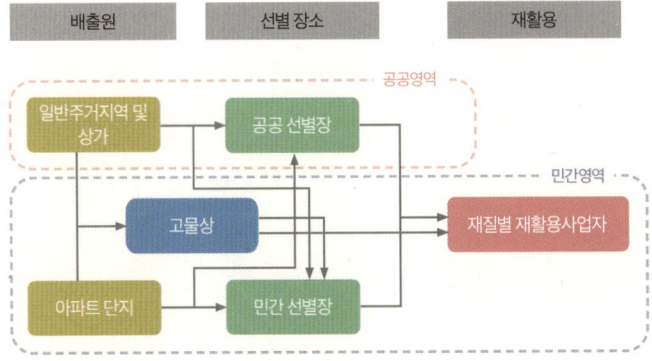

그림 17 가정 배출 플라스틱 재활용쓰레기의 재활용 경로

는 플라스틱과 철, 종이 등 쓸 수 있는 것을 분류한다. 이후 지역의 민간 재활용업체로 보내어 재활용되도록 한다. 민간 수거 대행업체의 이해관계에 따라서는, 단독주택지역과 상가지역은 생활쓰레기 수거가 이뤄지는데 공동주택의 경우에는 수거되지 않는 상황이 발생하기도 했다. 2018년 4월 중국으로의 재활용쓰레기 수출길이 막히면서, 민간 재활용업체들이 수거 활동을 중단한 것이 그 사례이다. 가격이 떨어진 폐플라스틱과 빈병 등이 처리되지 못한 채 쌓여 있게 되는 것이다. 가격이 떨어지기도 했지만, 고형연료 제조로 사업을 영위하던 민간업체들이 미세먼지로 인한 고형연료 사용 규제가 늘자 아예 사업을 포기하는 등 수도권은 더 복잡한 사정을 지니고 있다.

분류된 쓰레기의 종류와 분류 수준은 이후의 여건에 따라 달라질 수 있다. 재활용을 어느 단계까지 할 수 있는가, 매립은 어

"공공 선별장도 과부하…
지자체의 재활용품 수거
딜레마"
중앙일보 2018. 4. 4.

떤 쓰레기를 어느 수준에서 허용하는가 등 이해 당사자들의 관점과 기준에 따라 분리 방식이 달라질 수밖에 없다. 서울 시내에서 나온 생활쓰레기 중 재활용 불가 품목과 불연성 쓰레기는 인근 김포매립지로 보내진다. 그러나 제한된 매립 가능 용량과 지자체 간 환경 부담 이슈로 인해 매립장으로 가져오는 쓰레기에 대한 기준을 엄격히 적용하고 있는 것으로 보인다. 지켜야 하는 배출 기준을 따르지 않는 불법 배출이 많은 것도 사실이다. 이런 기본적인 약속을 지켜야 함은 두말할 나위 없다. 그리고 쓰레기 문제는 발생원, 즉 소비하고 버리는 사람 또는 소비 주체에게 일차적인 책임이 있다. 자신의 생활 편익을 위해 소비하다가 쓰레기로 내놓는 순간, 자신이 지던 부담은 환경과 사회가 대신 지게 된다는 사실을 먼저 인식해야 한다. 쓰레기를 내놓더라도 최소한으로 내놓으려는 노력이 따라야 하는 것은 너무나 당연한 의무이다.

| 소극적 재활용 |

현재 우리나라에서 실시하는 재활용 분리배출 방식과 기준은 소비자 편익에 좀 더 초점을 맞춘 것이다. 즉 배출하는 소비자는 가장 편한 방식으로 분리해서 주어진 요일에 배출만 하면 된다. 종량제 봉투를 사용하기는 하지만, 봉투를 구입하는 데 들어가는 수수료는 쓰레기 양에 비하면 상대적으로 저렴해서 쓰레기

를 줄이는 데는 큰 도움을 주지 못한다. 봉투에 담아 내놓는 일은, 그 안에 어떤 내용물이 들어가 있는지를 확인할 수 없는 방식인데다, 불특정 다수가 주택 입구나 길가에 쓰레기를 내놓는 방식이다 보니 무책임하게 아무거나 넣어도 알 수가 없다. 일부 쓰레기에서는 동물의 사체 같은, 배출해서는 안 되는 쓰레기도 버려지는 실정이다.

쓰레기를 배출하는 당사자의 책임의식과 그에 따라 요구되는 행동이 소극적으로 반영되거나 거의 반영되지 않은 재활용 시스템을 이 책에서는 소극적 재활용passive recycling이라 정의한다.³ 다시 말하면 소비자의 책임과 의무가 강조되지 않는 재활용이다. 이 체계에서는 재활용쓰레기를 분리하는 방법도 매우 간단하다. 종이류, 캔과 유리병류, 플라스틱류, 일반쓰레기이다. 생활 속에서 발견하는 플라스틱과 포장재들만 해도 종류가 10가지가 넘는 걸 감안하면, 이런 분리 체계는 너무 간단하다. 비닐류 또한 '비닐류'라고 뭉뚱그려서 수거해서는 안 된다. 재질별로 좀 더 세분화해서 플라스틱 원료로서 재순환되는 양을 늘려야 한다. 그러나 우리나라는 폐비닐류를 고형연료화하는 재활용을 많이 하다 보니, 폐비닐 분리 방식이 매우 단순해지고 대신 환경과 재활용업체의 부담만 늘었다. 즉 고형연료를 많이 활용함으로써 대기 중 미세먼지가 늘게 되는 부작용을 겪는다. 이 때문에 환경 기준이 강화되면 고형연료 재활용업체들로서는 수지가 나질 않으니 경영난을 겪게 된다. 이런 사정을 모르는 소비자는 그저 비닐류로 합쳐서 내놓

"공공 선별장도 과부하…
지자체의 재활용품 수거 딜레마"
중앙일보 2018. 4. 4.

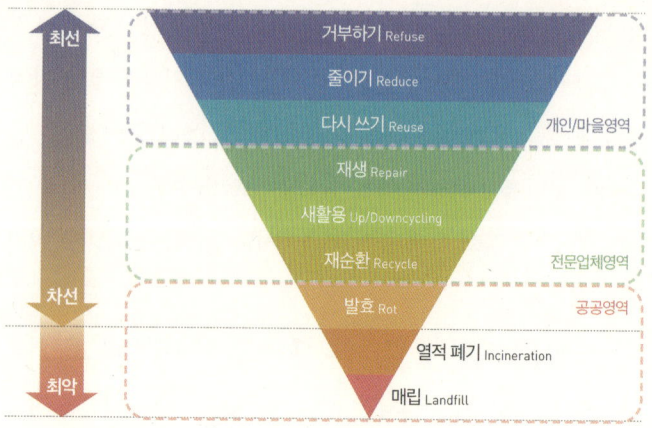

그림 18 소극적 재활용의 각 주체별 영역

는다.

　소극적 재활용은 소비자, 생산자, 공공 부문이 할 수 있는 재활용의 영역을 구분지어놓고 시작한다. 소비자는 재활용 영역 중에 거부하기, 줄이기, 다시 쓰기 영역만 참여하고 나머지는 분리배출하기만 하면 끝나는 것으로 되어 있다. 현 분리배출 체계가 그렇게 조장하고 있기 때문이기도 하다. 고쳐서 재생해서 쓰거나 원료로 재순환하는 일은 전문업체에 맡기는 체계이다. 소비자에게 지우는 의무는 매우 약하다. 어떻게 보면 소비자들의 의지와는 상관없이 그렇게 해도 되는 것처럼 사회적으로 용인되어 있는 듯하다. 그러다 보니 플라스틱 쓰레기, 나아가서 생활쓰레기의 배출량이 줄어들 여지마저 없다. 그림 18은 소극적 재활용의 주체별 영역을 나타낸다.

| 적극적 재활용 |

　생산자나 소비자 모두 플라스틱 제품의 수명이 다할 때까지 제품의 이동 경로에 대해 책임져야 할 의무가 있다. 그대로 방치해둔다면, 고스란히 자연환경과 생태계 피해로 남게 되고 사회적 비용을 치러야 한다. 단지 생산하고 출하할 때까지만 생산자가 관리하고, 사용하는 동안에만 소비자가 관심을 갖는 제품치고는 이후에 남는 여파가 너무나 크다.

　플라스틱의 생애 주기(그림 5)에 걸쳐 생산자, 소비자 할 것 없이 적극적으로 개입해야 할 이유가 여기에 있다. 세상에 태어난 플라스틱은 아이러니하게도 세상의 다른 물질과 섞이지 못한다. 외계 물질이라 해도 지나치지 않다는 이야기다. 따라서 플라스틱은 근본적으로 만들지 않아야 하는 게 맞다. 꼭 필요한 경우에만 사용하도록 억제되어야 한다. 그러나 이미 앞에서 설명한 바와 같이 물질주의가 만연한 현대의 문명사회는 플라스틱이란 이름 그대로 어떤 것으로든 만들어지는 이 고약한 물질로부터 헤어나오지 못하고 있다. 따라서 당장 취할 수 있는 해법은 많지 않은 셈이다. 적극적인 개입이 최선이다. 그래서 적극적 재활용^{Active Recycling} 방식이 필요하다.

　적극적 재활용은 생산자와 소비자가 재활용의 모든 영역을 공유하고 참여한다. 생산자도 플라스틱을 거부하거나 줄이고 다시 쓰는 데 적극적으로 나서야 하지만, 소비자 또한 고쳐 쓰고 업사이클링하고 재순환하는 일에 참여하는 것이다. 전문가 영역이라고 넘보지 못했던 것이 현재까지의 재활용 체계인데, 이를 넘어서 소비자도 재활용의 주체가 되어서 필요한 기술과 전문 지식, 심지어 필요한 도구와 설비까지도 갖추도록 한다. 이것은 결코 특별한 일이 아니다. 누구나 조금만 관심이 있고, 배우려고만 한다면 얼마든지 가능하다.

플라스틱에 대한 정확한 정보와 재질적 특성 같은 것을 일반인들도 알 수 있다면, 그래서 어느 온도에서 녹고, 어떤 온도에서는 해롭고 등등을 알 수 있다면, 플라스틱에 좀 더 적극적으로 대처할 수 있을 것이다. 나무나 철의 경우엔 이미 오랜 세월 동안 인간의 삶에 함께해왔다. 그러다 보니 철공소나 목공소가 마을이나 지역에 얼마든지 있다. 그런데 플라스틱은 그런 공방이 없다. 왜 그럴까. 플라스틱이 철이나 나무 제품보다 더 일상에서 많이 만나는 소재인데, 플라스틱 공방 하나 없다는 것은 무엇을 의미하는가. 이것은 그만큼 플라스틱이 배타적인 소재라는 뜻이다. 공장에서 전문 설비와 기술자 없이는 새로 찍어내거나 자르고 붙여서 고치거나 하는 행위를 허용하지 않는다는 뜻이다. 물론 이제 인류사회에 본격 도입된 지 70여 년밖에 되지 않은 플라스틱인 만큼 나무나 철과는 다르게 접근해야 하는 점도 분명 있다. 그러나 그 접근 방식이 지금처럼 소극적 재활용 체계에 의존할 수밖에 없는 것이라면 인류는 머지않아 플라스틱을 포기해야 할 시점에 도달할 것이다. 자연의 순환 사이클에 들어맞을 수 없는 플라

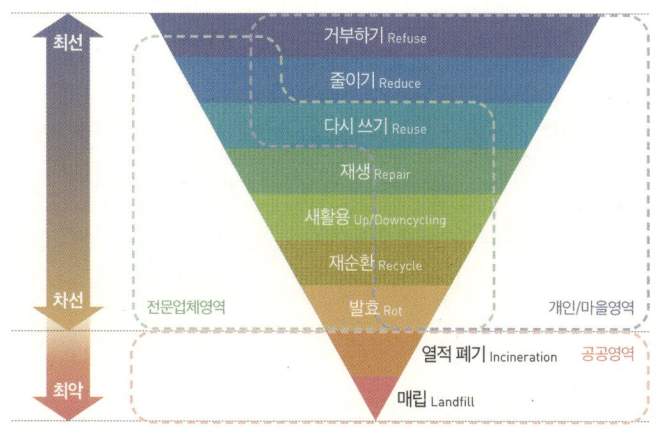

그림 19 적극적 재활용의 각 주체별 영역

스틱이 마구 생활쓰레기로 쏟아지는 한 생태계 악영향이 지속될 것이고, 이 피해는 인간들이 고스란히 떠안게 될 것이다. 마치 마이크로플라스틱의 여정이 먹이사슬을 한 바퀴 돌아 우리 식탁으로 되돌아오는 것처럼 말이다. 이것이 지금과 같이 소극적이고 편의적인 방식으로 플라스틱 문제를 접근해서는 안 되는 이유이다. 좀 더 적극적으로 개인 차원에서 풀 수 있는 문제는 최대한 개인이 해결해야 한다. 개인으로 안 되는 것은 공동체가 나서야 하고, 그래도 남는 것은 사회체계 안에서 해결을 모색해야 한다. 이것이 적극적 재활용의 개념이다. 적극적 재활용 체계에서는 생산자나 소비자 모두 플라스틱을 선택하지 않는 '거부하기' 단계부터 출발한다. 그림 19는 적극적 개념의 단계별 재활용 영역을 표시한다.

5 · 어떻게 재활용할 것인가

| **적극적 재활용으로의 전환** |

적극적 재활용은 플라스틱 제품의 디자인-제조-사용-재순환의 모든 단계에서 재활용을 염두에 두고 접근한다. 생산자, 중간유통 종사자, 소비자, 재활용사업자 그리고 사회체계 등 플라스틱과 관련 있는 모든 영역에서 플라스틱을 최대한 선택하지 않고, 선택하더라도 줄이고, 다시 쓰고 재활용하는 등 가능한 방안을 모두 동원해야 한다. 그래서 최종 폐기하는 플라스틱을 줄이고 순환고리에 합류하는 비율을 높여야 한다. 이를 위해서 적극적 재활용의 각 단계에서 어떻게 대응할지 이야기해보자.

(1) 생산자의 적극적 재활용

● 재종의 단순화 여러 재종을 섞은 복합 플라스틱 제품을 디자인하지 않는다. 여러 재종을 섞을 게 아니라 한두 개로 단순화한다.

● 쉬운 플라스틱 재활용이 쉬운 플라스틱 재종을 위주로 원료를 선택한다. 재활용이 쉬운 PE, PP, PET류로 집중한다. 특히 포장재 비닐의 경우 한 제품을 포장하기 위해 서너 가지 종류를 섞지 않도록 한다.

● 마크 표시 사용된 플라스틱의 재활용 마크를 보기 쉬운 위치에 분명하게 표시한다.

● 재종 변형 금지 색소를 첨가하거나 특수한 이물질을 넣어 강도

를 높이려 한다거나, 표준첨가제 외 적용을 지양한다.

● 포장재 프리 유통　플라스틱을 쓰지 않고 대체재를 활용하는 유통 시스템이나 방안을 찾는다. 유리병에 담는다든지, 미리 단위별로 포장해서 유통하는 것이 아니라 구매 현장에서 구매자가 용량을 선택한 만큼 담아 갈 수 있는 방안을 모색한다.

● 용기 회수 및 재판매　현재 플라스틱을 리필 용기로 쓰는 상품의 경우 대체재로 활용하여 회수 및 리필 판매를 가능하게 한다. 플라스틱 다회용기 대신 유리병이나 스테인리스 병에 담아 세제, 음료 등 상품을 판매하고, 소비자는 용기 반납 및 리필 신청하는 방안을 시도한 사례도 있다.

● 지역 먹거리 활용　포장재가 과할수록 제품의 이동 경로가 복잡하고 기간도 오래 걸렸음을 의미한다. 가급적 이동 경로가 짧고 지역에서 생산된 곡물, 과일, 먹거리 등을 판매 제품으로 선택한다.

● 비닐 대신 배달 상자　마트에서 배달할 때, 금속제 상자나 플라스틱 상자 등을 사용하여 여러 겹의 비닐포장재나 봉투 사용을 억제한다.

● 규격 트레이　소량 다품종을 담을 수 있는 트레이나 소형 상자에 담아 이동하고, 구매자가 마트로 다시 반환하는 체계를 구축한다.

● 중간포장재 재활용　소매상가에 제품 배달 후 남는 중간포장재를 그대로 회수하여 재활용한다.

"일회용 용기 대신 유리병·깡통…25개 글로벌 브랜드의 실험" 연합뉴스 2019. 1. 25.

● **재활용 수거 거점** 중대형 마트에 포장재 비닐류 회수를 위한 수거함을 설치하고, 오염되지 않고 재종별로 잘 분리된 포장재 및 비닐류를 회수하기 위한 수거함을 지역별로 거점 설치하여 운영한다. 일정량이 모이면 공공 운반 차량을 통해 재순환 공정으로 이동하게 된다.

● **투명한 대화 창구** 재활용 체계를 가동하는 과정에서 생기는 문제점이나 보완 사항 등에 대해 생산자, 유통자, 소비자, 재활용업체 등 여러 주체 간의 투명하고도 공정한 대화가 이뤄지는 거버넌스를 지역별 또는 거점 단위별로 조직한다. 토론과 대화 기회를 통해 재활용을 강화하고 유지하는 해법을 수시로 발굴하고 실행에 옮긴다.

(2) 소비자의 적극적 재활용

● **플라스틱 거부** 새롭게 생활 속으로 유입되는 플라스틱 제품이나 포장재를 최대한 억제한다. 장바구니를 챙기거나, 아예 용기를 가져가서 담아 온다거나 하여 포장재를 피한다. 과도한 포장재에 담긴 상품을 아예 구입하지 않는다. 지역에서 플라스틱 프리를 선언한 마트를 찾아 이용한다.

● **세분화된 분리배출** 재활용 식별 마크대로 구분한다. PET-HDPE-PVC-LDPE-PP-PS-Other로 구분한다. 예를 들면 PET인 병몸체, HDPE인 뚜껑, PP인 라벨을 모두 분리해서 해당 배출 봉투에 담는다. 이 세분화 작업은 사회적 합의를 통해 조정할 수 있다.

즉 본래 품질 수준의 플라스틱 원료로 재순환할지, 낮은 품질 수준의 원료로 재순환할지는 재활용 역량과 기술 수준에 따라서 결정할 수 있다. 플라스틱 원료로 재순환하는 것을 닫힌고리 재활용이라 한다. 흔히 말하는 페트병에서 페트병 품질 수준의 원료로 제조한다. 신규 원료의 투입 없는 재순환 방식으로 완벽한 자원순환이 이뤄진다. 낮은 품질 수준으로 재순환하는 것을 열린고리 재활용이라 한다. 중간에 신규 원료의 투입이 필요하며, 본래 품질보다는 다소 저하된 품질의 원료로 재활용한다. 세분화된 분리배출은 다음의 순서에 따른다.

❶ 제품의 내용물을 확인한다. 남아 있는 것은 버리고 물로 헹군다.
❷ 재활용 마크를 찾는다. 플라스틱 종류를 확인한다.
❸ 라벨과 뚜껑 부위를 몸체로부터 분리한다.
❹ 분리된 플라스틱들을 각각의 재질별 배출함에 넣는다. 수거함은 고형물과 필름류를 구분하여 준비하는 것이 좋다.
❺ 일정량이 되면 재활용품 배출 거점으로 가져간다.

● 배출 거점 지정   재활용품을 모으는 배출 거점은 마을 단위로, 또는 상가와 빌딩 단위로, 공동체 단위로 만든다. 지역 자치구에서 공공서비스 차원의 수거 차량과 인력이 주기적으로 모인 재활용품들을 수거하여 해당 재활용업체로 보낸다.

● 집계와 분석   일정 기간에 분리배출된 플라스틱의 현황과 재활

그림 20 서울혁신파크에서 시도한 세분화된 플라스틱 분리수거함들

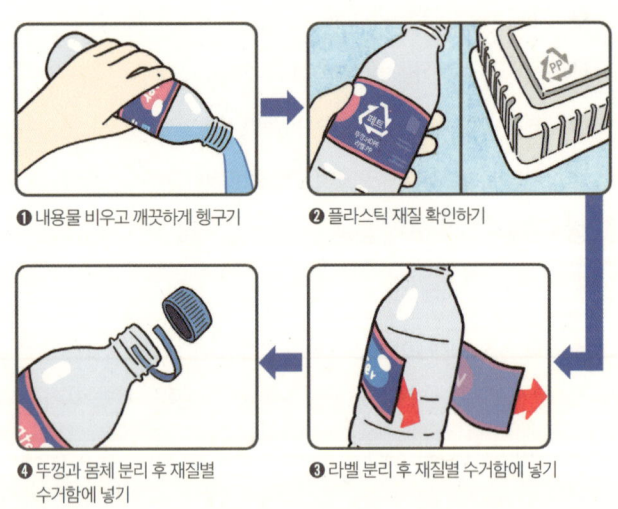

❶ 내용물 비우고 깨끗하게 헹구기
❷ 플라스틱 재질 확인하기
❸ 라벨 분리 후 재질별 수거함에 넣기
❹ 뚜껑과 몸체 분리 후 재질별 수거함에 넣기

그림 21 서울혁신파크에서 시도한 플라스틱류 적극적 재활용 분리 체계의 예

용 현황, 제품 생산 실적 등을 집계하고 데이터화한다.

● 열린 협의체　재활용과 관련한 다양한 주체들이 모여 토론하고 방향을 논의하는 협의체이다. 이 프로그램에 참여하는 생산자, 소비자, 중간유통, 재활용업체 등 각자의 역할과 입장, 개선점 등을 가감 없이 토론하면서 재활용 활동을 활성화하기 위한 방안을 마련해나간다. 이런 협의체는 자치구 중심으로 실질적이면서도 행정적 지원을 받는 단위로 만드는 것이 좋다. 그림 20, 21은 서울혁신파크의 공동체 내에서 실험적으로 추진하고 있는 플라스틱 분리배출 체계이다. 강화된 분리 기준을 적용한 시도이다.

　　적극적 재활용 단계에서 발효는 유기성 쓰레기를 처리하는 데 유용하다. 발효는 미생물에 의한 분해 현상으로 생활 속에서 아주 유용하게 이용되고 있으며, 그 유래 또한 기원전 7천~6천 500년에 중국에서 이용했다는 기록이 있을 정도로 오래되었다.[3] 유기성 쓰레기를 처리하는 방법으로 오래전부터 시도해왔던 것은 퇴비화, 매립, 소각, 그리고 바이오가스화이다.[4] 단순히 매립하거나 소각하는 것을 제외하고, 퇴비화와 바이오가스화는 미생물을 이용한 소화 과정이며, 여기서 나오는 부산물은 에너지 또는 농업용 영양소로 활용할 수 있어 일거양득이다. 다만 그 구체적인 방법과 필요한 설비, 사회적 수용성 등에 대해서는 여기서 다루지 않고자 한다. 다만 바이오플라스틱 등 생분해성 플라스틱의 재활용 측면에서 이 장의 후반에 관련 정보를 다루기로 한다.

발효(위키피디아)

재활용 여건 개선	재활용 기술이나 디자인, 재질 선택 등 재활용성을 증가하는 방향으로 개선하면서 재활용이 더욱 활성화된다.
쓰레기 감소	재활용이 증가하면서 열적 폐기나 소각을 해야 하는 플라스틱량이 감소되고 이로 인해 환경 보존에 기여한다.
사회적 책무 강화	생산자나 소비자 모두 플라스틱을 생산하고 소비하면서 치러야 하는 책임과 의무에 대한 범사회적 정의와 기준이 정립될 수 있다.
플라스틱 소비 감소	적극적 재활용은 궁극적으로 플라스틱을 선택하지 않게 한다. 일회용이나 포장용 플라스틱과 같이 분리와 수거에서부터 힘든 재활용 과정을 경험하게 되면서 소비자들은 대체재로 우회하게 된다.
자원순환사회 구현	순환되지 못하는 유기물질인 플라스틱을 그나마 순환고리 속으로 유인할 수 있는 방안이다. 가능한 많이 재활용하는 한 자연과 생태계에 미치는 부작용을 줄이고, 환경적 파국을 늦출 수 있다. 플라스틱으로서는 자원으로서의 가치가 높아진다. 생산과 소비 다음에 폐기가 오는 것이 아니라 재생산되는 과정으로 순환되기 때문이다. 순환되지 못하는 재생 불가능한 자원, 특히 외계 물질 같은 플라스틱을 자연 속으로 묻거나 태우는 것 외에 달리 방안이 없다면, 인류는 그 자원의 사용을 포기해야만 한다.

표9 적극적 재활용의 기대 효과

적극적 재활용을 활성화할 때 기대할 수 있는 것은 무엇일까? 재활용을 활성화할 수는 있을까? 그러면 더욱 플라스틱 사용량이 느는 건 아닐까? 그렇지 않다. 재활용은 막혀버린 혈관 같은 플라스틱 사회에 숨통을 틔워준다. 플라스틱을 비로소 순환하는 자원으로 되살린다. 그렇다고 완벽한 것은 아니다. 구체적인 효과는 표 9와 같다.

2. 닫힌고리 재활용 vs. 열린고리 재활용

| 닫힌고리 재활용 |

닫힌고리 재활용$^{Closed\text{-}loop\ recycling}$은 사용 후 제품을 녹여서 동일한 품질의 제품으로 만든다. 즉 음료수를 담는 페트병을 수거해서 분쇄하고 녹인 다음 다시 페트병 원료로 재탄생시킨다. 이 과정에서 원료의 추가 투입 없이 기존 페트병만으로도 새로운 페트병을 만들 수 있는 원료를 만들어낼 수 있다. 소각이나 매립해야 하는 페트도 발생하지 않는다. 온전히 100% 순환한다고 해서 '병에서 병$^{bottle\text{-}to\text{-}bottle}$'이나 B2B, 또는 '요람에서 요람까지$^{cradle\text{-}to\text{-}cradle}$' 재활용이라고 한다. 수평식 재활용$^{horizontal\ recycling}$이란 표현도 쓴다. 닫힌고리 재활용은 동일한 유형의 제품에 적용된 모든 재료를 재순환할 수 있는 방식이다. 디자인 단계에서부터 재활용을 염두에

두고 설계를 하게 되며, 원료는 재활용 과정에서 기존 제품으로부터 얻게 되므로 수거 체계만 확고하면 무한히 지속 가능한 재활용 방법이다.

닫힌고리 재활용에서는 다음과 같은 사항을 목표로 한다.

첫째, 재순환된 원료는 품질의 저하 없이 완전히 원래 제품과 동일한 것이어야 한다. 예를 들면 맥주용 알루미늄캔은 다시 맥주용 캔으로 만든다.

둘째, 순환이 여러 번 반복되더라도 오염물질 또는 독성물질이 축적되지 않아야 한다. 이 경우 후속 제품은 안전하지 않게 되므로 궁극적으로는 순환할 수 없게 된다.

셋째, 재순환된 원료는 다른 제품의 제조 공정으로 보내져 쓰일 수도 있다.

닫힌고리 재활용에서 발생할 수 있는, 일부 사용이 가능하지 않은 부산물들은 자연적으로 생분해될 수 있어야 한다. 이 경우 환경과 생태계에 부정적인 영향이 없어야 함은 물론이다.

그림 22는 닫힌고리 재활용의 개념을 시각적으로 보여준다. 처음 시장에 나온 페트병은 소비자에 의해 용도를 다하고 버려지게 된다. 이때 소비자는 분리배출의 원칙에 의거하여 깨끗하고 이물질 없는 상태의 페트병을 배출함에 모은다. 배출 거점별로 회수한 페트병은 재활용 공장으로 보낸다. 공장에서는 이물질을 골라내고 파쇄한 뒤 세척하여, 최초 품질과 동일한 페트 원료 즉 펠릿을 만들어낸다. 이 펠릿은 다시 페트병을 만드는 데 쓰인다. 이 과

닫힌고리재활용 vs. 열린고리재활용

그림 22 닫힌고리 재활용의 개념도

정에서 소각되거나 매립해야 할 것은 없다. 새로운 자원을 필요로 하지도 않는다. 이 때문에 자원으로부터 새 원료를 추출하고 가공하는 데 들어가는 에너지가 필요하지 않게 되고, 온실가스나 물 오염, 독성물질 배출 등의 부작용이 일어나지 않게 된다.

B2B 재활용, 즉 페트병을 다시 음료수 용기인 페트병으로 재활용하는 작업에는 걸림돌이 많다. 특히 병 내부를 세척하기가 쉽지 않고, 병 외부의 오염물질이 조금이라도 섞여 들어가면, 이 또한 결함의 원인이 되기 때문이다. 또 PVC 용기처럼 재질의 특성이 페트와 매우 유사하여 육안으로 구분이 안 되는 것도 있다. 이런 다른 재종이 하나라도 섞여 들어가면 나머지 페트병들이 아무리 깨끗한 상태라고 해도 모두 못 쓰게 된다. 그만큼 플라스틱의

페트병의 B2B 재활용

플라스틱 재활용

재활용이 왜 어려운가를 설명해주는 대목이다. 따라서 닫힌고리 재활용은 배출 기준을 정확히 지키는 것이 중요하고, 이렇게 배출된 재활용품들의 관리와 회수 방식 또한 중요해진다.

이와는 달리 알루미늄캔 재활용은 닫힌고리 재활용의 좋은 예이다. 알루미늄을 재순환할 때 재질적 손상이나 열화, 또는 쓰레기 생성 없이 새로운 캔을 만들 수 있기 때문이다. 알루미늄이나 철같이 재순환 과정에서 손실이 거의 일어나지 않는 재료는 애초부터 재활용이 활발하다. 이외에 컴퓨터 및 배터리와 같은 제품도 닫힌고리 재활용을 잘 적용하고 있는 제품들이다.

닫힌고리 재활용의 개념은 자원순환형 사회를 이루는 데 있어 매우 중요한 단서를 제공한다. 이 순환이 이뤄지기 위해서는 설계에서부터 제조, 사용, 재활용을 위한 배출 등 생산-유통-소비-회수 등 전 영역에서 통합적이고도 유기적인 협업이 이뤄져야 한다.

| 열린고리 재활용 |

열린고리 재활용(Open-loop recycling)의 기본적 개념은 100% 순환을 기대하지 않는 것에 기초한다. 따라서 닫힌고리 재활용보다는 많이 느슨한 구조이다. 재활용하여 만들어진 원료 또는 제품은 본래의 것과는 다른, 대부분은 저하된 품질의 원료나 제품

을 만든다. 수거된 재활용품 중에는 소각이나 매립 등 영구히 버려야 할 것들도 있으며, 이로 인해 부족한 물량은 새 원료로부터 공급받는다. 그래서 열린고리 재활용을 다운사이클링, 또는 캐스케이드^{cascade} 재활용이라고도 한다.

재활용을 위한 사회체계 자체에 생산자나 소비자의 책임과 의무가 온전히 반영되지 않을 때 아무래도 느슨해질 수밖에 없다. 재활용품을 배출하기에 앞서 이물질이 묻어 있지 않은지 확인하고 세척한다거나, 병뚜껑과 라벨을 따로 분리하는 등 귀찮을 법한 절차들은 아무도 요구하지 않는다. 그리고 소비 관행에 영향을 주지 않을 정도의 편익 위주로 재활용쓰레기 처리 방식이 정해진다. 여기에다 아무도 감시하는 사람이 없으니, 재활용품 속에 포함해서는 안 될 쓰레기도 슬그머니 넣어버린다. 실제로 우리나라 서울시에서 재활용쓰레기라고 배출된 것 중 실제 재활용이 가능한 것은 20%에 불과하다는 기사가 있고, 하루 85t의 재활용쓰레기 중 30%는 쓰레기로 나간다는 기사도 있듯이♻ 느슨한 재활용 분리배출 체계에서는 피할 수 없는 현상이기도 하다.

그림 23은 열린고리 재활용을 보여주는데, 페트병들을 수거해서 합성섬유로 만드는 순환 과정을 표시한 것이다. 페트병들 중에는 방치되었거나 오염된 것들이 포함되어 있다. 재활용 공장에서는 이들을 선별하여 재활용이 안 되는 것들은 소각장으로 보내고, 나머지 것들을 재순환하고자 한다. 그러나 여기에는 분리가 안 된 불순물과 심지어 다른 색깔의 플라스틱도 섞여 있어서,

♻
"공공선별장도 과부하…
지자체의 재활용품 수거
딜레마"
중앙일보 2018. 4. 4.

5 · 어떻게 재활용할 것인가

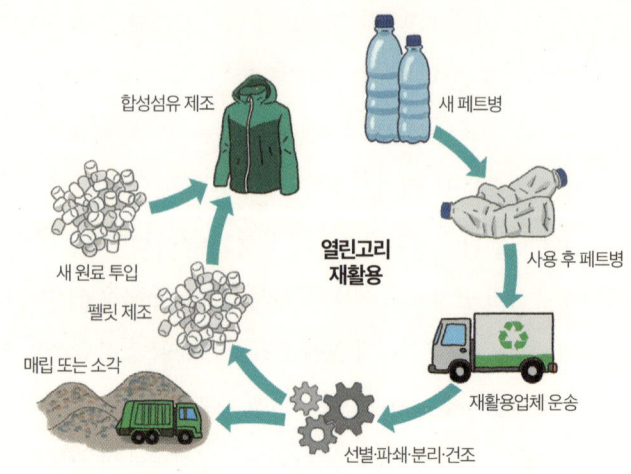

그림 23　열린고리 재활용의 개념도

"페트병·페트병은 왜
골칫덩이가 되었나"
경향신문 2018. 4. 13.

닫힌고리 재활용 vs.
열린고리 재활용

투명한 페트 재질은 기대할 수가 없다. 결국 만들 수 있는 제품은 페트병이 아닌 합성섬유나 다른 제품일 수밖에 없다. 이 과정에서 품질과 부족한 본래 기지의 물성을 보충하기 위해 새로운 원료의 투입도 불가피하다. 이것이 열린고리 재활용이다.

　우리나라에서도 적용하고 있는 재활용 체계는 열린고리 재활용이다. 세계적으로도 이 방식이 일반적이라 한다. 그러나 여전히 쓰레기를 양산하고 있다는 점에서 이런 소극적 방식의 재활용 시스템은 바뀌어야 한다. 여기서 주목해야 할 점은, 재순환과 재사용을 목표로 한다 하더라도 열린고리 재활용에서 생산된 다운사이클링 제품은 이후에는 다시 순환되지 못하고 폐기될 수밖에 없다는 사실이다. 이미 다른 불순물이나 재질들이 섞여 있으므로, 더 이상 순환하기를 기대할 수 없기 때문이다. 열린고리 재활용은 단지 소각이나 매립으로 가는 시점을 뒤로 늦추는 것에 불과하다. 물론 새로운 자원으로부터 새 원료를 만드는 과정도 함께 늦추기는 한다. 그러나 곧 새 원료를 투입해서 새 플라스틱을 찍어내야 하는 일은 다시 벌어지게 된다. 결국 열린고리형은 최선이 아닌 차선이다.

지속 가능한 플라스틱 순환사회로 가기 위해서는 닫힌고리 재활용 체계로 전환해야 한다. 전면적으로 전환하기에는 다소 시간이 걸리겠지만, 점진적인 방식으로라도 시도해야 한다. 예를 들면 사용률이 높으면서도 여러 번 재순환하더라도 품질에 문제가 발생하지 않는 플라스틱, 이를테면 PE류나 PET를 대상으로 하는 것이다. 이런 재질은 적극적 재활용 개념을 적용해서 엄격하게 회수되도록 해야 한다. 분리배출 및 회수 체계를 구축하고 이를 위한 협의체를 자치구마다 설립한다. 이를 위해 생산자재활용책임 EPR 제도상에서 인센티브를 준다든지, 기금을 통해 기반을 만든다든지 하여 생산자들의 참여를 적극 유도한다. 또한 소비자는 특정 재질의 플라스틱에 대해서는 배출 기준을 따르도록 계몽하고, 지역마다 또는 마을마다 배출을 위한 거점을 정한다. 비닐류도 마찬가지이다. 닫힌고리형으로 전환할 수 있는 플라스틱류를 선정하고 이는 적극적 재활용을 할 수 있도록 관리하고 매진해야 한다.

재활용의 효과 어떻게 알 수 있나

천연자원을 뽑아서 원료부터 만드는 것보다, 먼저 뽑아낸 플라스틱을 원료로 쓰는 게 자원 절약에 더 효과적이라는 생각은 누구나 할 수 있다. 그런데 '과연 재활용하느라 드는 에너지나, 그 과정에서 발생하는 오염물질 때문에 더 나빠지는 건 아닐까?'라는 의문이 연이어 따라온다. 여기서 말하는 재활용은 플라스틱 물질의 재순환 단계이다. 플라스틱 쓰레기를 원료로 환원하고 이를 녹여서 다른 제품으로 만드는 재순환을 목표로 한다. 그러다 보니 녹이는 과정에는 에너지원을 태워야 하고 대기나 물로는 오염물질이 방출될 텐데, 분명 자연환경에 미치는 영향은 무시할 수 없다. 기후변화 시대에 이런 의문에 대한 명확한 규명 없이 상상만으로 일을 추진할 수는 없지 않은가. 그래서 등장한 이론 체계가 있다. 즉 이런 문제들에 해답을 얻기 위해 체계적으로 분석해서 평가하는 기법이다. 전 과정 평가 또는 LCA$^{\text{Life Cycle Assessment}}$라고 불리는 기법이다.

LCA는 어떤 물건이나 물질의 제조, 유통, 사용, 재활용, 그리고 폐기 등 물건이나 물질 수명의 모든 과정과 관련된 환경 영향을 평가하는 기술을 말한다. 즉 제품을 설계하기에 앞서 신뢰할 수 있는 방법과 절차를 사용하여 환경에 미치는 영향을 평가함으로써 제품 설계의 타당성을 확보하는 데 쓰인다. 이를테면 우리의 관심사인 플라스틱 재활용에서, 닫힌고리형 재활용이 나을지,

전 과정 분석(LCA)의
정의와 방법

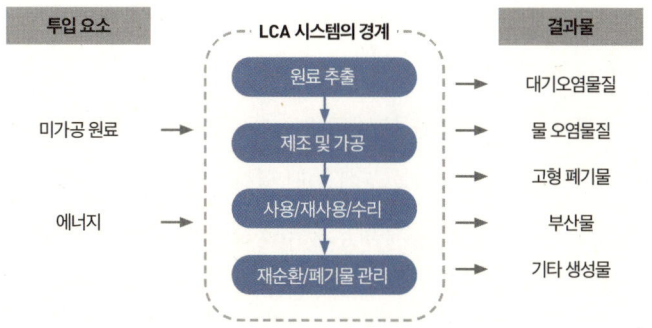

그림 24   LCA 시스템 접근법

열린고리형 재활용이 나을지 아니면 아예 새 원료를 만들어 쓰는 게 유리할지와 같은 문제도 LCA에 의존해서 답을 구할 수 있다. 그림 24는 전 과정을 구성하는 개개의 단계들과 투입 요소 및 결과물 간의 관계를 보여준다.

LCA는 다음과 같은 절차로 진행이 된다.

첫째, 분석하고자 하는 이슈에 대한 명확한 정의가 필요하다. 즉 목표가 무엇인지, 또 범위는 어디까지 설정할 것인지 규정해야 한다. 그래서 이 작업에서 얻는 결과가 어떻게 쓰일지, 또 누구와의 소통에 쓰일 것인지를 점검하는 일부터 시작한다.

둘째, 제품의 탄생 과정에서 자연으로부터 얻는 요소는 무엇인지, 또 자연에 주는 영향을 만드는 인자는 무엇인지 등 리스트를 만드는 일이다. 여기에는 물, 에너지, 자원의 소모량과 제조 과정에서 공기와 땅, 물로 방출하는 오염원의 양과 같은 정량적 요

5 · 어떻게 재활용할 것인가

소들을 포함된다. 이를 전 과정 목록 분석 또는 LCI^{Life Cycle Inventory} 분석이라고 표현한다.

셋째, 전 과정 영향 분석 또는 LCIA^{Life Cycle Impact Assessment}라고 한다. 파악된 요소들로 환경에 어떤 영향을 주는지를 분석하는 과정이다. 영향 분석은 제품의 전 과정을 개발 국면, 제조 국면, 사용 국면, 그리고 폐기 국면으로 나누어서 각 국면별 영향을 분석하기도 한다. 개발과 제조 시에 자연과 환경에 주는 영향력은, 연료 추출 시와 제조 시에 발생한다. 제품이 만들어져 사용하는 단계에서도 파급되는 영향이 있을 것이고, 수명이 다 되어 폐기하는 단계에서의 영향도 있다. 이들을 체계적이고도 정량적으로 분석하는 기법이 LCIA이다.

넷째, LCI와 LCIA 단계에서 도출된 결과들을 놓고 종합적으로, 또 정량적으로 분석한다. 그런 다음 최종 평가 결과를 내놓는다. 여기에는 결론뿐만 아니라 한계나 제안할 사항도 포함된다.

이런 LCA의 분석 절차들은 국제표준화기구[ISO]의 환경관리 부문(ISO 14040) 표준서에 명시되어 있으며, 특히 온실가스제품 전 과정 분석은 영국표준화기구[BSI]에서 발표한 PAS 2050으로 표준화되고 있다. LCA의 결과를 신뢰하고 그 결과를 참고로 플라스틱 쓰레기에 대한 처리 방법을 결정하는 것은 장기적으로 생겨날 수 있는 오류를 줄일 수 있는 방안이다. 물론 LCA의 평가 결과로 모든 환경 영향을 정확히 다 예측한다거나, 무조건 신뢰해도 된다는 것은 아니다.[5] 이 평가 자체는 주어진 데이터에 의존해서 결과를 계산해내는 것이므로, 데이터가 없거나 알 수 없는 모델은 반영할 수가 없다. 게다가 시간이 흘러감에 따라 생기는 변수도 있을 텐데, 그것들을 일일이 다 반영할 수도 없다. 그럼에도 불구하고 LCA 결과는 정책 입안자들이나 또는 기업, 심지어 교육자들과 일반인들이, 자신들의 선택이나 행동이 과연 지구 환경에 어떤 영향을 줄까 예측하게 함으로써 의미를 지닌다고 할 수 있다.

| 닫힌고리형과 열린고리형 재활용 효과 비교 |

이제 재순환하는 것이 새 원료를 만들어 쓰는 것보다 환경에 주는 오염물질을 줄이고 에너지를 절약할 수 있는지를 LCA 분석 결과를 놓고 비교해보기로 한다. 인터넷에서 찾을 수 있는 수많은 LCA 보고서 중 플라스틱 재활용을 다룬 것들은 정말 많다. 구글에서 'LCA plastic recycling'을 검색해보면 2019년 4월 10일 기준 189개의 결과가 뜬다. 아무 페이지에서나 하나씩 모두 10개를 열어보았다. 하나같이 약속이라도 한 듯 재활용이 환경에 영향을 덜 준다는 결과를 내놓는다. 물론 그중에 일부 조건에 대해서는 다른 결과를 내놓은 것도 있지만, 그것들 또한 일부 변수에 대한 축적된 데이터의 부족 때문이라는 보충 설명이 붙는다. 이것은 놀랄 일이 아니다. 앞에서 그토록 강조한 재활용의 미학인 것이다. 게다가 플라스틱뿐

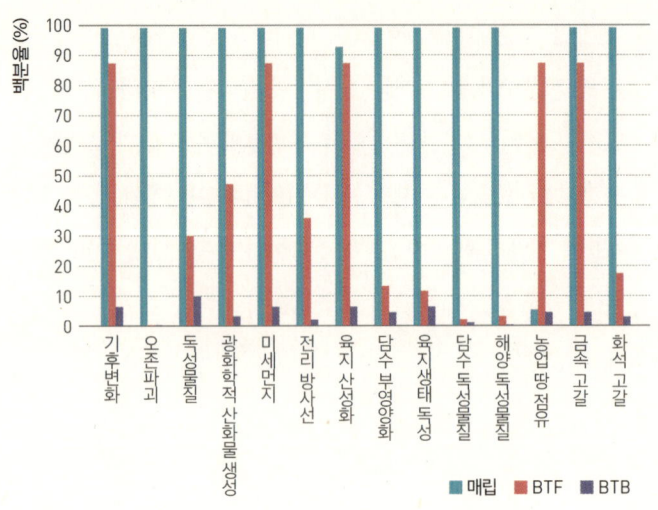

그림 25 　PET를 매립하거나 재활용할 때 환경에 주는 영향을 분석한 LCA 결과

만 아니라 알루미늄캔 같은 금속 제품 역시 재활용하는 편이 유용하다는 것 또한 확인할 수 있다. 많은 LCA 분석 자료 중에서 일부 그래프를 여기에 인용하면, 재활용의 긍정적인 효과를 가시적으로 확인하는 데 도움이 될 듯하다.

그림 25는, PET를 재활용했을 때와, 재활용하지 않고 매립했을 때 지구환경에 일어날 수 있는 영향인자별로 분석한 LCA 결과이다.[6] 지구의 기후와 자연환경에 덜 위해한 방법을 찾는 데 나름 참고가 된다. 여기에서 BTF(Bottle to Fiber)란 열린고리 재활용을, BTB(Bottle to Bottle)는 닫힌고리 재활용을 의미한다. 닫힌고리 재활용을 했을 때가 가장 환경에 주는 부담이 작은 것을 알 수 있

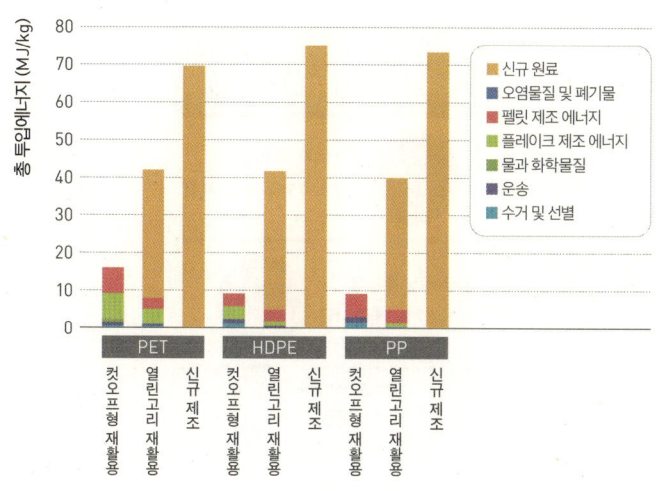

그림 26 컷오프형·열린고리 재활용과 신규 원료 제조 시 에너지 투입량을 비교한 결과

다. 매립은 두 가지만 빼고 다른 모든 영역에서는 가장 나쁜 방식이란 것을 보여준다.

그림 25와 26은 PET, HDPE, PP 세 종류의 플라스틱을 대상으로 LCA 결과들을 서로 비교한 것이다.[7] 재활용의 효과를 한눈에 볼 수 있게 해주는 결과라서 여기에 인용했다. 그림 26은 세 종류의 플라스틱을 재활용할 때의 에너지 투입량을 신규 원료를 만들 때의 것과 비교한 것이다. 재활용 유형은 닫힌고리 대신 컷오프 방식을 적용하여 분석을 시도했다. 컷오프 방식이란 이미 발생했거나 앞으로 발생할 환경 부담 요소들을 적절하다고 판단되는 단계에 할당한 뒤 분석을 시도하는 방식이다.[8] 닫힌고리형에서 데이터 처리 방

그림 27 재활용 활성화가 에너지와 온실가스 배출량에 주는 긍정적 영향
출처 : 미국 플라스틱 재활용 협회(APR) 교육 자료

식을 조금 변형한 것으로 보면 된다. 세 가지 플라스틱 모두 컷오프형<열린고리형<신규 제조 순으로 에너지 투입량이 커짐을 알 수 있다. 그림 27은 재활용이 지구온난화 지수에 주는 영향을 비교를 통해 보여준다. 결론적으로 재활용을 하는 것이 신규 원료를 만들어 쓸 때보다 지구온난화에 미치는 영향이 적다는 것을 나타낸다.

미국 플라스틱 재활용 협회[APR]에 따르면, 플라스틱을 재활용할 경우 최소 79% 이상 에너지 소비량을 줄일 수 있고, 67% 이상 온실가스 배출량을 줄일 수 있다고 한다. 결국 재활용을 활성화하는 것은 자원을 절약할 뿐만 아니라 지구환경과 생태계를 보존하고, 생태계 내 구성원들의 지속 가능성을 확보하는 데 무엇보다도 도움이 되는 절실한 방안이다.

3. 소각과 재활용, 과연 어디로

| 쓰레기인 것과 아닌 것의 차이 |

지금은 볼 수가 없는 우리말 표현 중 '쓸다'라는 동사가 있다. 이는 '깨끗이 빗자루로 비질을 하여 쓸어낸다'는 뜻으로, 15세기까지만 해도 문헌에 등장했던 옛말이다. 이 동사로부터 '쓸에/쓸레'와 '쓸어기/쓰러기' 같은 파생 명사들이 나오다가, 20세기에 들어서 '쓰레기'라는 단어로 지금처럼 쓰이게 된다. 국립국어원 표준국어대사전에 '비로 쓸어낸 먼지나 티끌, 또는 못 쓰게 되어 내다 버릴 물건이나 내다 버린 물건을 통틀어 이르는 말'로 정의되어 있듯이 자연에서 온 티끌에서부터 사람들의 삶을 풍요롭게 하는 데 쓰이던 갖가지 물건과 물질에 이르기까지 못 쓰게 된 것들을 다 담은 단어이다. 쓰레기를 법률이나 사회제도, 행정에서 바꿔서 표현하는 말이 폐기물이다.

더 이상 용도를 찾을 수 없는 쓰레기들의 마지막 여정은 태우거나 매립장으로 보내는 것이다. 소각이나 매립은 쓰레기들을 당장 눈앞에 보이지 않게 감출 수 있다. 소각은 태워서 형상을 없애고, 매립은 땅에 묻어서 사람들 삶의 현장으로부터 격리시킨다. 생활 속에서 이것저것 용도를 다하느라 짧든 길든 일생을 바친 물건들은 쓰레기라는 판정을 받고 사람들의 시야로부터 사라져야 한다. 용도를 다한 물건들에게는 자신들의 일생을 스스로 결정할 기회나 권리 같은 것은 애초부터 주어지지 않았으니, 누군가의 소유로부터 자유로워지는 순간, 쓰레기가 되는 셈이다.

쓰레기는 배출자의 관점에서 만들어진 용어이다. 불필요하거나 못 쓰게 되었다는 판정은 배출자가 한다. 여전히 쓸모가 있다 하더라도 배출자가 버리기로 결정하면 쓰레기이다. 이미 쓰레기가 된 것들에는 각각 어떤 사연이 있는지 알 도리가 없다. 어쩌다가 버려졌는지, 무슨 일을 하다 왔는지, 누구 집에 살다 왔는지를 아는 것은 불가능하다. 게다가 어느 시점부터인가 인공적으로 만들어 쓰던 쓰레기가 자연에서 온 쓰레기보다 더 많아지기 시작했다.

자연으로부터 온 쓰레기들의 정체를 아는 것은 어렵지 않다. 오감과 경험을 통해서 어떤 성질의 물질인지, 어떻게 쓰이다 버려졌는지를 알 수 있다. 자연 속에서 온 소재들은 스스로 분해가 되기도 한다. 그러니 어디에 방치해놓기만 해도 저절로 부스러져 흡수될 테니 덜 걱정된다. 그런데 인공 조작으로 만들어진 소재들은 얼른 알아채기가 쉽지 않다. 예를 들면 화학적 공정으로 만들어진 소재들이 그렇다. 연료 오일 종류나 플라스틱, 공사장에서 해체되어 나온 건축 자재 등은 절대 스스로 분해되지 않을 뿐만 아니라 독성도 있다. 예를 들어 원목 판재와 MDF$^{\text{Midium Density Fiber Board}}$ 판재가 버려졌다 치자. 어느 것이 더 환경에 더 안전할까. 당연히 그냥 나무인 원목이다. MDF는 나뭇조각들을 아주 잘게 분쇄한 뒤, 접착제를 섞어서 열을 가하면서 압축 성형한 인공 목재로, 접착제에서 포름알데히드라는 발암물질이 나온다. 따라서 접착제를 얼마나 쓰는가에 따라 품질 등급이 달라지기도 한다. 옷장이나 싱크대 뒷면의 판을 MDF판으로 많이 쓰는데 습기에 약하며, 버릴 때는 산업쓰레기로 분류해야 한다. 그러므로 MDF는 배출되는 순간부터 골칫거리가 된다.

예전에는 자연적으로 쌓이는 티끌이나 낙엽, 부스러기, 조각들을 쓸어 모은 것이 쓰레기였다면, 지금은 대형 산업쓰레기, 방사성 쓰레기까지도 포함하고 있다. 쓰레기가 자연적 요소에서 인공적 요소로 바뀐다는 것은, 순환 가능에서 순환 불가능으로 옮겨감을 의미한다. 이는 자연적인 순환의 단절을 선언하는 대신 기술적 개입을 불러온다. 사람들은 자신들이 만들어놓은 쓰레기를 어찌할 수가 없어 기술을 동원하는데, 역설적이게도 이를 처리하기 위해 기술은 더 골치 아픈 쓰레기를 만들어내고 순환을 단절시키는 결과를 초래하고 있다.

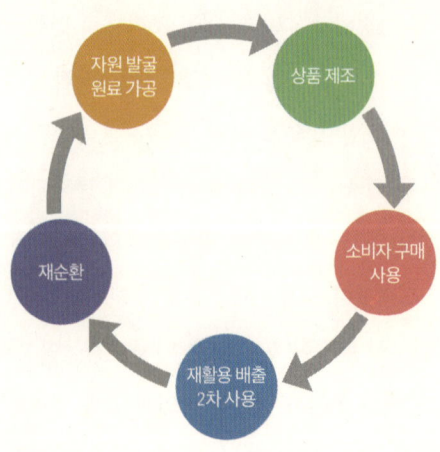

그림 28 자원순환의 개념

쓰레기인 것과 아닌 것을 판단하는 기준은 무엇일까? 단지 소비자 입장에서 용도가 다했다는 것만으로 수명이 끝난 것으로 볼 수는 없다. 여전히 같은 용도로 쓸 수 있는 다른 사람에게 넘기면 된다. 그럼 고장 난 것은 쓰레기로 단정지어도 될까? 아니다. 쓰레기로 단정짓는 것을 늦추면 늦출수록 방법이 생겨난다. 재생 수리로 보내면 된다. 또는 쓸 수 있는 부품과 재료를 뽑아낼 수도 있다. 여전히 쓰레기가 아니다. 유행이 다 되었다는 이유로 쓰레기 취급은 하지 말자. 유행과 상관없이 소재와 재료는 여전히 새로운 창작물의 대상이 될 수 있고, 또 다른 유행의 소재가 될 수 있다. 그림 28은 자원으로부터 연료를 가공해내고, 이것이 제품이 되어서 사용된 후 다시 재활용되거나 자원으로 재투입되는 자원순환의 원리를 보여준다. 쓰레기 제로 운동의 기본 원리인 셈이다.

| 폐기물 에너지 |

우리나라의 신재생에너지 분류 중에는 폐기물 에너지가 포함되어 있다. 즉 쓰레기나 쓰레기로부터 뽑아낸 고형연료, 유화연료 등을 태워서 에너지를 뽑아내는 것을 재생에너지 범주에 포함시킨다. 한국에너지공단에서는 이것을 폐기물 재생에너지라고 정의하면서, 사용 후 못 쓰게 되어버린 제품이나 쓰레기 등을 재활용하는 과정으로 분류하고 있다. 이렇게 함으로써 쓰레기도 처리할 수 있고 에너지도 얻어 일석이조의 효과를 얻는다는 설명도 따른다. 그래서 폐기물 에너지를 우리나라에서는 재생 에너지원 중 하나로 포함시킨다. 이는 외국과는 다른 분류 방법이다. 일부 국가에서는 유기성 쓰레기를 태우는 것은 재생에너지로 인정하지만, 플라스틱을 포함한 화석연료 계열의 쓰레기는 재생에너지로 인정하지 않는다. 우리나라는 2019년 3월 말에 열린 산업통상자원부 주관 신재생에너지 관련 공청회를 시작으로 비재생쓰레기로 생산한 에너지는 재생에너지 범위로 포함하지 않을 것을 검토하기 시작했고, 당장 2019년 10월부터는 비재생 SRF를 태워서 발전을 하는 경우에는 신재생에너지 공급인증서를 받을 수 없음을

한국에너지공단의 폐기물 재생에너지에 대한 정의

미국 천연자원보호위원회 (NRDC) 홈페이지 자료

EU Energy in figures 2018, pp.22-13 참조.

폐기물 에너지(위키피디아)

공표했다.⁹ 또 비재생쓰레기란 정의를 신설하여, 석유, 석탄 등 화석 연료에서 기원한 화학섬유, 인조가죽, 비닐 등 생물기원^{biogenic}이 아닌 쓰레기는 재생에너지로 인정하지 않기로 했다. 재생에너지에 대한 정의를 재정립하면서 플라스틱 쓰레기를 재생에너지 목표에 합산해왔던 관행에도 변화가 있을 것으로 기대된다.

현재 쓰레기 가스화^{gasification}, 열분해^{pyrolysis}, 플라즈마 아크$^{plasma\ arc}$, 고형쓰레기연료^{SRF} 등의 기술들이 해외에서 실제 적용되고 있거나 상용화를 준비하는 단계에 와 있다.¹⁰ 이런 접근 방식을 '쓰레기에서 에너지로$^{WtE,\ waste\ to\ Energy}$' 사업이라 한다. 그런데 자원순환의 관점에서 본다면, WtE는 순환고리를 열어야 하는 방식이다. 즉 순환의 원칙이 깨져야 가능해진다. 재생 불가능한 자원을 연료로 쓰는 것은 순환을 포기하는 마지막 선택이다. 특히 플라스틱은 재생 불가능한 화석 연료로부터 얻어야 하는 자원이다. 이것을 열을 가해 분해시키거나 태운다면, 당장 에너지를 얻을 수 있을지는 몰라도 순환은 더 이상 지속되지 않는다. 플라스틱 쓰레기를 연료로 보지 않고 여전히 물질의 원료로 보려고 할 때 순환이 지속된다. 이러한 이유로 WtE는 재활용 방식의 하나로 볼 수 없다. 그리고 이 방식을 과연 쓰레기 대안으로 봐야 할 것인가에도 의문이 있다.

매립 외의 쓰레기 최종 처리 방식은 다음과 같이 구분할 수 있다.

첫째로 열을 가하는 열적 방식이다. 열을 가해서 물질적 변화

¹⁰ "플라스틱쓰레기태워 만드는 SRF 발전, 신재생에너지에서 퇴출" 한국경제, 2016. 6. 9.

가 일어나는 동안 발생하는 에너지나 부산물인 연료를 얻는 방식이다. 여기에는 소각Incineration, 가스화Gasification, 열분해Pyrolysis, 플라즈마 아크 가스화Plasma Arc Gasification 등이 있고, 열을 가하지만 열이나 연료가 아닌 원료를 회수하는 해중합Depolymerization 방식이 있다. 열적 처리 방식은 순차적으로 일어나는 물리적 반응과 화학적 반응을 이용하는 것으로 거꾸로 돌릴 수 없는 반응이다.

둘째로는 비非열적 방식이다. 이는 자연적인 현상을 이용한다. 열을 가하지 않으므로 별도의 에너지가 들어가지 않는다. 우리 생활에서 빼놓을 수 없는 발효 과정을 이용한다. 혐기성 소화와 호기성 소화가 대표적으로 많이 쓰인다. 이 방식은 자연 속에서 주기적인 순환을 이룬다. 인공적 개입만 없다면 영원히 지속될 수 있는 순환이라 해도 틀린 말이 아니다. 바로 다음에 좀 더 자세히 설명해보고자 한다.

| 쓰레기의 열적 처리 |

(1) 소각 Incineration

유기성 쓰레기를 태우면서 에너지회수하는 방식으로 우리나라에서도 시행하고 있다. 열적 처리의 대표적인 방식이다. 쓰레기 소각은 몇 개의 공정으로 구성되는데,♻ 쓰레기 반입 및 공급, 소각, 연소가스 냉각, 연소가스 처리, 반출 등이다. 생활쓰레기는 각 자

♻ 노원소각장 홈페이지 참고

치구의 수거 차량에 의해 소각장으로 들어온다. 들어온 쓰레기를 검사해서 태울 수 있는 것만 태우고 그렇지 않은 것은 되돌려 보낸다. 들어온 쓰레기는 바로 소각시키지 않고 쓰레기 저장소에서 일종의 숙성과 건조의 과정을 거친다. 크레인이 수시로 섞어주어서 잘 건조시킨 다음 소각로 상부로 넣는다. 소각로 내부로 들어온 쓰레기는 컨베이어에 의해 연소실로 이동되어서 소각되기 시작한다. 이때 고온(800~1100℃)의 연소가스는 폐열회수 보일러[Heat Recovery Boiler]를 통과하면서 보일러의 물을 끓여 과열 증기를 만든다. 이 과열 증기는 증기 터빈을 돌려서 전기를 생산하고 남은 열은 인근 주거 지역의 난방수를 데우는 데 쓰인다.

연소가스 중에는 염화수소, 황산화물[SOx], 질소산화물[NOx], 미세먼지, 다이옥신 및 중금속들이 있다. 이 오염물질들이 바로 대기와 섞이는 게 아니라, 걸러내는 설비를 먼저 거친 뒤 굴뚝을 통해 나가게 된다. 걸러내는 설비에는 전기 집진기, 습식 세정탑, 필터백, SCR 촉매탑 등이 있다. 소각로의 연소실 바닥에 남은 재는 별도로 밀봉 포장한 다음 매립지로 보내진다. 소각 시설의 굴뚝을 통해 나오는 오염물질들, 특히 질소 산화물, 이산화황, 중금속 및 다이옥신에 대한 배출 억제 기준이 갈수록 까다로워지고 있다. 미세먼지나 대기오염원 등 때문에 규제를 강화하고 있기 때문이다. 비록 오염물질을 걸러내기 위한 설비 기술 발달로 인해 현재는 배출가스가 많이 깨끗해졌다고는 하지만, 여전히 소각 시설은 기피 대상이고 오염원이라는 이미지를 쉽게 벗지 못한다.

그림 30   소각로 내부의 그레이트 위에서 태워지고 있는 쓰레기
출처: https://en.wikipedia.org/wiki/incineration

우리나라에는 2017년 말 기준 전국적으로 178개의 소각장이 있었다. 이들 소각장은 1일 평균 가동 시간이 21시간에 달한다.[11] 현재의 소각장 규모에서 더 늘어나야 함을 의미하며, 실제로 지자체별로 추진하고 있는 소각장 건설 계획은 여기저기서 사회적 갈등을 빚는 이슈 중 하나이다.

(2) 가스화 처리 Gasification

가스화 처리 공정에서는 쓰레기에 남아 있는 에너지나 유용한 성분을 뽑아내기 위해 열을 가해서 화학 반응을 유도한다. 유기성 쓰레기인 나무 잔재, 작물, 농업 부산물 등만 아니라 하수 처리장의 슬러지, 플라스틱류, 종이 상자, 타이어 등은 가스화 반응의 원료 물질이 된다. 가스화 공정에서는 연소를 위한 연료가 필요하지는 않다. 오히려 원료 물질에 불이 붙어 타는 것을 억제해야만 유용한 가스 성분을 얻는다. 원료 물질은 열과 화학 반응에 의해 분해되어서 여러 성분의 기체가 섞인 합성가스로 빠져나온다. 따라서 가스화 반응기에 투입하기 전에 쓰레기를 전처리해야만 한다. 우선 아주 작은 조각으로 분쇄하고 수분이 없도록 잘 건조시켜야 한다. 그런 뒤 반응기로 투입되는데, 이때 산소와 공기를 일정 비율로 조정하여 연소가 일어나는 대신 열분해 반응이 일어나도록 한다.

사실 이 방법은 오래전부터 전통적으로 활용되어왔다. 동남아나 아프리카 나라들에서 아직도 조리용 열원으로 쓰고 있기도 하다. 왕겨나 톱밥 같은 것을 넣고 열을 가해서 탈 수 있는 가스로 뽑아내는 장치들은 유튜브에도 포스팅되어 있다. 이때 왕겨나 톱밥을 태우는 것이 아니라, 가스 성분이 증발하면서 축소된 탄소 덩어리만 남는다. 이 반응이 일어나는 온도는 800~1200℃이다. 이때 발생하는 가스는, 일산화탄소, 이산화탄소, 메탄, 수소 등의 탈 수 있는 가스이다. 여러 가지 성분의 기체가 섞여서 발생하기 때문에 합성가스라고 불린다. 이 가스들에 섞인 불순물들, 이를테면 황화물이나 질소화합물들은 필터링 과정을 통해 걸러낸 다음 사용한다. 이때 산소를 차단하다 보니 환원성 분위기가 되는데, 이로 인해 SO_x 및 NO_x와 같은 산화물의 발생을 억제하는 효과가 있다. 가스화 공정은 재활용 범주에 들어가지는 않는다. 열을 가해서 합성가스를 뽑고 나면 쓰레기는 재나 숯, 다른 무기질만 남게 된다.

(3) 열분해 Pyrolysis

열분해란 산소가 없는 상태에서 높은 온도로 열을 가하면 물질이 저절로 분해하기 시작하는 현상을 말한다. 전통적으로 열분해는 유기물질을 처리하는 데 많이 써온 방법이다. 플라스틱과 같은 고분자 또한 열분해 과정을 통해 분해된다는 것은, 분자량이 큰 구조에서 분자량이 작은 구조나 원자 단위로 세분화되는 과정이다. 즉 탄소수가 아주 높은 상태에서 서서히 낮은 탄소수의 물질로 분해되는 과정을 겪는다. 열은 물질을 이루는 원자와 분자들의 운동을 활성화시킨다. 온도가 더 높아지면 분자들끼리 붙어 있는 사슬구조에도 영향을 미쳐 나중에는 긴 길이의 고분자 사슬구조가 짧은 길이의 고분자 사슬로 끊어지게 된다. 이 과정이 지속되면 고분자는 단위체로, 또는 더 작은 개개의 분자로 변화한다. 열분해는 보통은 380~430℃ 부근의 온도에서 일어난다. 온도가 높아짐에 따라 종류가 다른 연료가 나온다. 산소가 없는 분위기 속에서 열을 가하기 시작하면, 플라스틱은 처음에는 부드러워지다가 녹기 시작한다. 완전히 녹으면 증기처럼 증발하기 시작한다. 증발한 증기를 냉각 깔때기로 통과시키면 온도가 내려감과 동시에 액체 연료로 응축한다. 그러다가 열을 좀 더 가해서 온도를 650~1000℃ 정도로 빠르게 올리면 가벼운 기체 연료도 생성된다.

플라스틱의 열분해에는 일반 열분해와 촉매식 열분해가 있다.[12] 앞에서 설명한 열분해의 원리는 일반 열분해에 해당한다. 촉매식 열분해는 비교적 낮은 온도에서 촉매를 활용하여 열분해를 촉진시킨다. 그러므로 결과물로 얻는 재생연료의 성상이 좋고 회수량도 많다. 다만 촉매의 추출과 재활용 기술, 촉매에 따라 적용 가능한 플라스틱 종류의 제약 등이 따른다. 이해를 돕기 위해 다른 연구자의 결과를 여기에 인용하면, HDPE를 촉매식 열분해했을 때 합성가스가 13%, 액체오일이 84%, 그리고 고형물이 3% 비율로 생성되었다.[13] 액체오일 중에는 가솔린계가 56%, 디젤계가 37.8%였으며, 윤활유계가 5.66%였다.

촉매식에 비해 일반 열분해는 작업 조건이 까다롭지 않아 널리 쓰인다. 버려진 플라스틱 중 PS를 열분해한 결과를 인용하면,[14] 450℃에서 75분을 유지하고 나니 80.8%의 액체오일과 13%의 합성가스, 그리고 6.2%의 숯이 나왔다. 재생유라고 부르기도 하는 액체오일에는 방향족 성분들이 들어 있어서 증류와 정제 등 후속 공정을 거쳐야만 자동차 연료로 쓸 수 있게 된다.

(4) 플라즈마 아크 가스화 PAG, Plasma Arc Gasification

플라즈마 아크 가스화 공정은 전기 에너지를 활용하여 플라즈마 아크를 만들어내고, 이때 아크열이 만들어내는 높은 온도로 인해 가스화 반응로 Gasification Reactor 내부에 있던 쓰레기들은 열분해하기 시작한다. 두 개의 떨어진 전극 사이에 높은 전류를 흘리면 강한 아크 불꽃이 만들어진다. 이 아크는 높은 전류가 흐르고 있는 에너지의 통로이다. 이 아크 사이에 아르곤 가스와 같은 불활성기체를 불어넣어주면, 알곤 분자들이 고온에 의해 분해되면서 양성자, 전자, 이온 등 형태로 잘게 쪼개져 더 이상 기체가 아닌 물질의 상태가 된다. 이를 플라즈마라고 하는데, 고체, 액체, 기체 외에 물질의 네 번째 상태라고 말한다. 아크 불꽃이 만들어내는 온도는 태양의 표면 온도보다도 높은 1만 4천℃ 이상이다.

이 정도의 온도에 노출되면, 대부분의 쓰레기는 기본 원소로 구성된 가스로 변환되는 반면, 복잡한 분자는 개별 원자로 분해된다. 앞에서 말한 것과 같이 열분해란 이런 고온을 이용하여 유기성 쓰레기들의 분자 구조들이 좀 더 단순한 분자나 원자 단위로 쪼개지는 것을 의미한다. 그런데 이 PAG 공정에서는 워낙 온도가 높다 보니 생성물이 달라진다. PAG와 소각의 차이는, PAG는 쓰레기를 태우지 않고 열분해되어 나오는 부산물을 얻는 데 비해, 소각은 태워서 재로 만들어 없애려는 것이다. PAG 공정에서 얻을 수 있는 부산물은 합성가스와 슬래그이다. 슬래그는 무기질 쓰레기가 고온에 녹아서 유리질의 고형물로 변한 것이다. 청정 소각을 구현한다는 측면에서 관심을 받고 있으며 연구도 진행되고 있다. 그러나 워낙 고온의 설비이다 보니 초기 투자 비용이 크고, 핵심 기술인 플라즈마 토치 등 유지 관리에는 제약이 많다. 실제적으로 대규모 고온 소각 설비에 적용하기에는 아직 실용적 수준까지는 아닌 것으로 보인다.

'플라즈마아크 가스화'에 대해 더 자세히 알고 싶다면 참조하라.

(5) 해중합 Depolymerization

이 기술은 고분자를 분해해서 단위체로 전환하는 화학적 재활용 방법이다. 해중합 기술로 인해 스크랩 플라스틱으로부터 단위체를 회수하는 긍정적인 효과가 있다. 예를 들면 폐폴리에스터로부터 다시 폴리에스터 원료를 회수하는 기술이다. 환경적으로나 경제적으로 가장 우수한 재순환 기법으로 알려져 있다. 이 과정을 통해서 PET는 단위체로 회수되고, 이는 다시 PET 제조에 쓰일 수 있으며, 이때의 품질은 원래와 동일한 수준일 것으로 기대한다.[15]

이 기술의 특별한 점은 첫째, 폐플라스틱을 원료 수지로 전환할 수 있는 재활용법이다. 둘째, 오염된 플라스틱이라 해도 해중합 과정을 거치는 동안 오염물질이 제거되어 최초 품질의 단위체를 얻을 수 있다.

해중합 기술을 이용한 재활용의 예로는, 버려지는 카펫으로부터 나일론을 회수하는 작업이 있다.[16] 카펫은 다양한 플라스틱들로 만들어져서 기존 방식으로는 재활용이 어렵지만, 해중합 기술을 적용하면 단위체로 분리해낼 수 있다. 그러나 문제는, 이러한 기술은 제조업체로서는 핵심 원료 기술이기 때문에 관련 정보나 노하우를 해당 기업들이 독점하면서 잘 공개하지 않는다는 것이다. 또한 원료화 공정의 일련의 연속적인 대형 설비처럼 규모가 크고, 설비에 대한 투자비가 많이 든다는 것도 불리한 점이다. 국내의 기술 개발은 연구 차원에서 활발히 진행되고 있는 것으로 보인다. 얼마나 상용화되었는지에 대한 정보는 아직 충분하지 않지만, 인터넷을 검색해보면 몇몇 대기업들이 재생원사를 생산하는 수준으로 보인다.

| 혐기성 소화(Anaerobic Digestion) |

유기성 쓰레기에는 대표적으로 음식물쓰레기나 농업 부산물 등이 있다. 바이오가스 반응조 안에서는 생물학적인 반응이 일어나면서 유기물 쓰레기가 분해되어 바이오가스로 전환된다. 이를 혐기성 소화라고 부른다. 소화를 수행하는 혐기성 미생물은 산소가 없어야 왕성하게 번식한다. 혐기성 소화는 어떤 유기물인가에 따라 수주에서 수개월이 걸릴 정도로 서서히 진행된다. 바이오가스는 탈 수 있는 메탄이 주성분이어서, 조리나 난방, 또는 조명용으로 쓸 수 있다. 미생물 소화가 진행되는 동안 반응조 바닥에는 슬러지와 액비가 남는데, 여기에는 농업에 유용한 영양분들이 들어 있다. 그림 30은 서울혁신파크에서 시도한 바이오가스 발생 장치의 개념도를 보여준다. 그림 31은 이 구상을 바탕으로 설치한 바이오가스 발생 장치이다.

혐기성 발효는 그림 32의 소화 단계를 거치면서 진행이 된다. 음식물쓰레기를 넣으면 미생물들이 달라붙어서 효소를 분비한다. 이를 가수분해 효소라 하며, 고분자 유기물인 탄수화물과 지

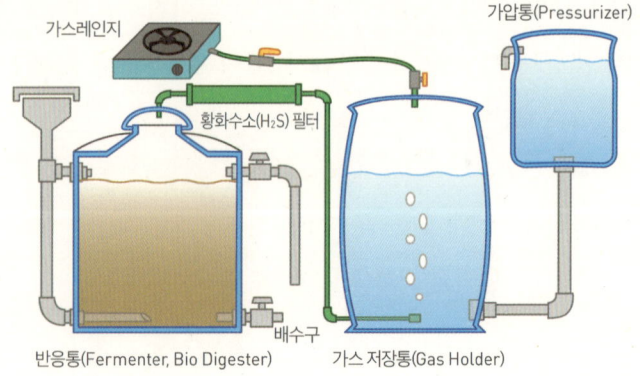

그림 30 바이오가스 발생 장치 개발을 위한 구상도

그림 31 서울혁신파크에 설치해서 리빙랩 실험에 쓰인 초기 모델의 바이오가스 발생 장치

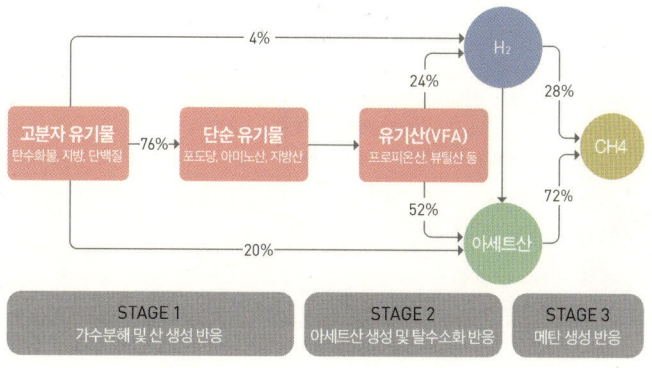

그림 32　메탄 생성 반응의 흐름도

방, 단백질을 단순한 유기물로 쪼개는 데 효과적이다. 포도당이나 아미노산 등 단당류나 이당류로 분리된 유기물들은 산 생성 박테리아에 의해 유기산으로 변한다. 산 생성 과정이 좀 더 진전되면 아세트산과 수소가 만들어진다. 아세트산과 수소, 이산화탄소, 메탄올 등을 박테리아가 소비하면서 만들어지는 것이 메탄가스이다. 메탄은 반응조 내에서 위로 떠오르므로, 이것을 바깥으로 빼내어 저장한 뒤 주방에서 조리용으로 쓸 수 있다. 그림 32는 메탄 생성에 이르는 바이오가스 발생 원리와 흐름을 보여준다.

　이 기술은 100년 이상 활용되어왔으므로 잘 검증된 기술이라 할 수 있다. 예전에는 가축의 분뇨를 넣어서 바이오가스를 생산하고 활용해왔다. 규모가 큰 곳은 동네 공터나 마당을 파서 큰 반응조를 묻고, 여기에 축분과 물을 넣어서 소화 반응이 시작되

장점	• 바이오가스와 액체비료를 동시에 생산한다. • 메탄 회수를 통해 온실가스 감축에 기여한다. • 다른 종류의 유기물 쓰레기와 오수를 동시에 처리 가능하다. • 슬러지 발생량이 적은 처리법이다. • 온도에 따라서는 병원체를 제거하는 효과가 있다. • 프로세스 자체는 안정적이다.
단점	• 개발도상국에서는 중소규모의 혐기성 소화 기술이 상대적으로 초보 단계이다. • 디자인과 제작에는 전문 인력이 필요하다. • 생산된 가스를 이용하기 위해서는 가스레인지나 조명 장치 등과의 연결이 필요하다. • 황화합물로 인해 악취를 유발한다.

표 10 혐기성 소화 기술의 장단점

길 기다리다, 발생하는 가스를 마을에서 나눠 씀으로써 에너지를 자립하고자 했다. 그러다가 분뇨보다는 음식물쓰레기로부터 생산할 수 있는 메탄가스의 양이 많다는 것을 알고는, 음식물쓰레기를 소화시키기 위한 디자인 모델들이 나오기 시작했다. 주방이나 뒷마당에 놓고 음식물쓰레기를 처리하는 작은 크기의 반응조에서부터, 컨테이너들로 모듈화한 바이오가스 반응조까지 다양한 기술들이 개발되어 있다. 이렇게 모듈화된 반응조는 도시에서 발생하는 대규모 유기물 쓰레기를 처리하고 생산된 가스를 조리나 난방을 위해 쓸 수 있게 한다. 또 개발도상국에서는 저비용으로 구현할 수 있는 개별 가정형 모델들도 많이 나와 있다. 혐기성 소화 기술의 장단점은 표 10과 같다.

혐기성 소화에 대해 더 알고 싶다면 참조하라.

| **호기성 소화(Aerobic Digestion)** |

생활 하수 속에 포함된 이물질과 오염물질을 걸러내기 위해서는 물리적인 방법과 화학적 방법, 그리고 생물학적 방법을 적용한다. 물리적 방법은 스크린을 통과시키면서 물속의 고형물을 걸러내고, 침전조에서 가라앉히면서 분리한다. 분해되지 않는 유기물이나 독성물질은 화학약품을 넣어서 중화한 뒤, 산화시켜 분리한다. 하수 처리의 주요 공정이 바로 생물학적 처리이다. 하수 중에 포함된 유기물을 미생물로 하여금 분해하고 소화시켜 그 양을 줄이는데, 이 임무를 박테리아가 한다. 박테리아는 빠르게 유기물질을 소비해서, 이산화탄소, 물 및 다양한 낮은 분자량의 유기화합물로 전환시킨다. 이러는 동안에 슬러지에 포함되어 있던 분해 가능한 고형물 농도가 낮아진다. 소화는 지역 조건에 따라 분해 가능한 고형물의 비율이 20%에서 10%로 감소할 때까지 지속된다. 호기성 소화는 표 11과 같은 장단점이 있다.

호기성 소화에 대해서 더 알고 싶다면 참조하라

이 책의 주제는 플라스틱이다. 플라스틱을 제대로 재활용하고 또 한편으로는 줄이기 위한 시도와 노력을 다루고 있다. 현재의 석유플라스틱에 혐기성 또는 호기성 소화 방식은 통하지 않는다. 그럼에도 이 기술들에 대한 긴 설명을 남기는 것은 향후 등장할 바이오플라스틱 때문이다. 바이오플라스틱이란 석유플라스틱의 반대되는 개념으로 생분해될 수 있는 물질로 만들었다. 이를테면 식물성 기름이나 지방, 옥수수 전분 등으로 만든 것이다. 모

국제 순수 및 응용화학연맹(IUPAC)에서는 바이오기반 플라스틱으로 부르기를 권고하고 있다

장점	• 혐기성 소화에 비해 매우 빠르게 반응이 일어난다. 따라서 설비에 대한 투자 비용이 적어도 된다. • 소화 공정은 상온에서 일어나고 반응 절차가 혐기성에 비해 단순하고 관리가 용이하다.
단점	• 설비의 운전 비용이 훨씬 커진다. 이유는 산소를 공급해주기 위한 송풍기나 펌프와 모터 등을 쓰기 때문이다. 최근의 기술은 펌프를 돌리는 것이 아니라 공기 주입식 필터를 쓸 수 있게 되어 에너지 사용을 줄이고자 한다. • 소화되고 남은 슬러지는 건조한 다음 소각로로 보내어 연소될 때의 열을 이용한다. 그러나 발열량은 혐기성 소화로 얻는 바이오가스에 비해 훨씬 낮다.

표 11 호기성 소화 기술의 장단점

두 천연고분자이므로 합성고분자 못지않은 성질을 가졌다. 게다가 자연적으로 분해되기까지 한다.

지금 우리가 쓰고 있는 석유플라스틱은 조속한 시일 내에 생분해가 가능한 플라스틱으로 대체되어야 한다. 특히 음식물 포장재로 쓰이는 석유플라스틱을 바이오플라스틱으로 대체하게 되면 그 효과는 엄청날 것이다. 왜냐하면 남은 음식물과 포장재를 함께 바이오가스 발생 장치에 넣으면 되기 때문이다. 또 하수나 오수관을 따라 흘러들어온 마이크로플라스틱들이 하수 슬러지와 함께 호기성 소화에 의해 분해될 테니 환경에 미치는 부작용도 줄어들 것이다. 그렇지만 바이오플라스틱에 모든 희망을 걸 수만은 없다. 이 책의 마지막 장에서 다루겠지만, 또 다른 문제를 야기할 가능성이 높다. 옥수수 등 원료 작물의 재배 문제뿐만 아니라 기존 석유플라스틱과 섞였을 때 재활용 체계가 혼란에 빠질 수도 있다. 이런저런 점들을 감안하더라도, 플라스틱을 아예 쓰지 않

바이오플라스틱에 대한 설명을 볼 수 있다.

는 것만이 플라스틱 쓰레기를 줄이는 최선의 방법이다.

| 쓰레기 에너지화 소각, 과연 대안일까 |

(1) 열적 처리=소각

쓰레기로부터 에너지를 얻는 기술들은 얼핏 보면 화려하다. 첨단 기술이 뒷받침해주어야만 가능한 분야이다 보니 대규모 시설 투자와 전문 기술자 없이는 쉽지 않다. 과연 쓰레기에 열을 가해서 에너지나 연료 성분을 뽑아내는 것이 우리가 선택할 수 있는 유일한 길일까.

앞에서 우리는 쓰레기의 열적 처리 기술들에 대해서 기본 개념과 원리를 살펴보았다. 그중에서 소각, 가스화, 열분해, 플라즈마 아크 가스화 기술 모두가 쓰레기에 열을 가해서 나중에는 보이지 않게 하는 방식임을 알 수 있다. 즉, 이 기술들은 쓰레기에 열을 가해서 다시는 원상태로 회복할 수 없게 만든다. 물론 미묘한 차이가 있기는 하다. 소각은 그냥 태우면서 폐열을 쓰지만, 나머진 연료 물질 상태로 회수한다는 점이다.

그래도 가스화나 열분해, 플라즈마 아크 가스화 방식은 소각하고는 다르지 않나 의문이 생길 수도 있다. 그래서 다른 나라들은 어떻게 판단하고 있는지 찾아보았다. 유럽연합법[EUL, European Union Law]에 따르면, 소각 설비에는 "쓰레기의 산화뿐만 아니라 열분해,

가스화 또는 플라즈마 공정과 같은 열적 처리 공정들이 포함되며, 처리된 후의 물질은 결과적으로 소각된다"[17]고 정의하고 있다. 즉 열적 처리 방식 모두를 소각으로 보고 있는 것이다.

(3) 소각이 배출하는 것

소각이란 쉽게 말해서 뭔가를 태운다는 것이다. 태운다는 것은 열을 가해서 물질을 빠르게 분해하는 현상이다. 물질 중 탈 수 있는 성분은 그 자리에서 바로 타서 연소가스가 되어 떠오르고, 타지 못하는 무기질을 재나 타르, 또는 유리질 같은 고형체로 남는다. 이것은 쓰레기를 직접 태우든, 부산물로 얻은 합성가스를 태우든 재생유를 태우든 어느 것이나 동일하다.

떠오른 연소가스 중에는 이산화탄소와 일산화탄소, 발암물질인 다이옥신과 퓨란도 섞인다. 이들은 맹독성의 발암물질이거나 의심물질이다. 한번 몸에 들어오면 쉽게 빠져나가지 않고 축적되며 다음 세대에까지 영향을 준다. 그래서 내분비계 교란물질[EDCs] 또는 환경호르몬이자 잔류성 유기오염물질[POPs]이다. 뿐만 아니라 증발성이 높은 수은이나 카드뮴 같은 중금속 성분에다 염화수소, 이산화황, 질소 화합물들이 포함된다.

이들 화합물은 요즘 문제가 되고 있는 미세먼지의 생성을 활성화시킨다. 굴뚝을 통해 빠져나오는 탄화수소, 황산화물, 질소산화물과 같은 1차 생성물들이, 햇빛과 공기를 만나면서 만들어지는 황산염이나 질산염과 같은 2차 생성물로 진화한다. 미세먼지

중에 특히 무서운 것은 먼지 입자의 지름이 2.5㎛ 이하인 초미세먼지이다. 이렇게 미세한 크기이면 허파의 격막 세포를 그대로 통과해서 혈액에 합류할 수가 있다.[18] 이들 초미세먼지는 대기 중에 정체되는 고농도 스모그의 주성분이다. 단지 호흡하는 것만으로도 건강을 위협받는 세상이 되었다.

미세먼지를 규제하기 위해 정부 관련 부처가 규제를 강화하거나 대책 마련에 고심하는 일이 새삼스러운 것은 아니다. 정부는 소각장이나 발전소 같은 전국의 주요 배출가스 발생 시설에 굴뚝원격감시체계(TMS, Tele-Monitoring System)를 달아서 24시간 감시하기도 한다. 이를 통해 배출 허용 기준을 지키지 않은 사례들을 적발할 수 있다. 그렇지만 아직은 과태료 단가가 낮고 처벌 규정조차 느슨하기 때문에 기업들은 허용치를 위반하고도 방지책에는 미온한 편이다. 가시적 효과를 보기에는 여전히 미흡하고 시간이 걸릴 수밖에 없다.

배출 허용 기준은 배출을 없애는 것이 아니라 줄이는 데 초점을 맞추고 있다. 여전히 오염물질을 배출해야 하는 사업장들에게 허용치를 제시해준다는 이야기다. 물론 기존에 배출 농도 위주로 하던 것을 EU 수준의 배출 허용 총량제로 바꿈으로써 오염물질 저감의 효과를 유도한다고는 한다. 하지만 각 배출 시설마다 배출 허용 총량을 정해주고 관리하겠다는 것은, 배출 시설이 늘어나지 않을 때 오염물질 총량이 고정되는 효과를 노린 것이다. 배출 시설이 해마다 늘어나고 있는 한, 대기 중 오염물질의 총

환경부 수도권대기환경청 홈페이지 참조

"배출 허용 기준 무시… 미세먼지나 몰라라" SBS 뉴스, 2019. 3. 28.

사업장 대기오염물질 총량 관리

량은 여전히 늘어만 갈 것이다. 공기만 오염되는 것이 아니라 물과 땅도 함께 오염될 수밖에 없다. 작은 플라스틱 비닐 조각을 태우는 일은 한 시간이면 끝나지만 이로부터 분해되어 세상에 퍼진 물질들은 온 세상을 떠돌아다니며 긴 세월 동안 피해를 줄 것이다.

(3) 국내외 소각장 갈등

미국의 환경보호국^{EPA} 홈페이지에 들어가보면, 소각 설비에 대한 설명을 볼 수 있다. 현재 미국 내 에너지회수를 위한 소각장은 25개 주에 걸쳐 86개 시설이 있다. 1995년 이후로 새로 건설된 곳은 없으나, 부분적으로 성능 개선 공사를 한 곳은 있다. 미국이 에너지회수 소각 시설에 그다지 적극적이지 않았던 것은 총 인구에 비해 국토 면적이 넓기 때문이었다. 넓은 국토 때문에 매립지 부지를 확보하는 데 어려움이 없었던 반면, 소각장은 오염물질을 배출하는 곳이라는 사회적 인식이 강했던 것도 요인이었다. 더구나 소각장 시설에 들어가는 비용이 워낙 크다 보니 굳이 비싼 소각 시설에 눈을 돌릴 명분이 약했던 것이다. 이와는 달리 인구밀도가 높은 유럽 국가들이나 일본, 또 우리나라는 매립지 공간 확보가 쉽지 않으므로, 소각 시설에 더 집중할 수밖에 없었다.

땅이 넓은 오스트레일리아의 경우, 2018년 말 기준 운영하고 있는 소각 시설이 단 한 군데도 없었다. 그러나 이런 호사(?)도 더 이상 누릴 수 없게 되었다. 총 6억 6천 800만 달러가 투입될 오

소각 설비를 통한 에너지회수

스트레일리아 최초의 소각장 시설이 퍼스의 남쪽으로 40km 떨어진 퀴나나 산업 지역에 곧 착공될 예정이다. 2021년 말 준공을 목표로 공동 개발사와 운영 컨소시엄이 최종 계획을 완료했다. 이 시설이 완공되면 40만 톤의 재활용 불가 쓰레기를 처리하면서 36MW의 기저 전력을 생산할 수 있다. 이 소각장을 시작으로 오스트레일리아에도 '쓰레기에서 에너지로' 프로젝트가 가속화될 것을 우려하는 목소리가 있다. 그도 그럴 것이 이미 30건이 넘는 소각장 건설 계획이 추진 중이기 때문이다. 물론 다 계획대로 진행되는 것은 아닌 모양이다. 그중 한 사례가 넥스트젠사가 이스턴 크리크에 지으려던 연간 552톤 규모의 쓰레기 소각장 계획이다. 이 계획은 최종 검토 단계에서 승인이 거부되었다. 이 계획을 최종 부결한 심의위원회는, 건강에 좋지 않은 영향을 줄 가능성, 설비의 규모가 크다는 점, 거주지나 학교와의 거리가 가깝다는 점, 환경에 미치는 잠재적인 영향 등을 승인 거부의 이유로 들었다.

Renew Economy
2018. 10. 18..

Renew Economy
2018. 7. 19.

우리나라 역시 쓰레기 문제로 지자체마다 갈등이 끊이지 않는 것이 현실이다. 환경부 자료에 따르면, 2017년 현재 쓰레기 소각 시설은 전국적으로 모두 178군데이다. 그리고 이 시설을 통해서 처리한 쓰레기의 양은 460만 톤이다. 그러나 매립지 여유 공간이 시한부를 앞두고 있어서 지자체마다 자원순환 시설 즉, 쓰레기 소각 시설을 짓고자 안간힘을 쓰지만 지역 주민들은 반대하는 입장이어서 갈등이 끊이질 않는다.

"서산소각장 결국 설치되나…시민참여단 '계속 추진' 선택"
연합뉴스, 2019. 2. 16.

에너지회수^{WtE} 소각방식은 갈수록 늘어만 가고 있는 쓰레기

"고형폐기물소각장대책위와 전주시간 불협화음"
한겨레, 2018. 11. 5.

위기를 해결하기 위한 차선으로 강조되고 있다. 그렇지만 WtE 소각방식은 마지막 수단이어야 한다. 왜냐면 여기서 발생할 오염원에 대한 방지책은 여전히 기술 의존적이고 검증이 필요하기 때문이다. 오염원을 없애고 환경으로의 확산을 막기 위한 엄격한 규제와 모니터링이 필요하다. 그러나 기술에 의존한 오염물질 억제에는 한계가 있다. 기준치 이내라고는 하나, 여전히 오염물질을 밖으로 내뿜고 있기 때문이다.

(4) 적극적 재활용만이 해답

플라스틱 쓰레기를 연료 삼아 태우는 것은 가치 있는 자원을 낭비하는 것이다. 현재 전 세계 원유 생산량의 6% 정도가 플라스틱 원료 제조에 투입되고 있고, 2050년이면 20%를 넘을 것으로 예상하고 있다.[19] WtE가 활성화되어 플라스틱으로부터 에너지를 얻는 것으로 끝낸다면, 우리는 점점 더 많은 원유로부터 플라스틱 새 원료를 뽑아내야 한다.

쓰레기 문제의 해답은 쓰레기 제로화이다. 버려지는 쓰레기가 없어야 한다. 완전히 없애지는 못하더라도 단계적으로 줄여나가야 한다. 지금과 같은 소극적인 분리배출만으로는 해답이 없다. 생산자 소비자 할 것 없이 적극적으로 재활용 과정에 개입을 해야 한다. 그럼으로써 재활용이 얼마나 어려운 일인지를 알게 되고 결국엔 플라스틱을 쓰지 말아야 하는 이유를 깨닫게 된다.

그런데 이미 세상에 나온 플라스틱은 또 다른 자원이다. 재활용은 이 자원들의 수명을 연장하는 한편, 태워야 할 쓰레기로 내몰리는 시점을 분산시키는 효과가 있다. 재활용이 활성화되다 보면 태워야 할 플라스틱 쓰레기의 양이 줄어들 뿐 아니라, 새로운 플라스틱의 생산량도 함께 줄게 된다. 재활용을 염두에 둔 디자인이 활성화되어 물질로서의 순환은 더욱 탄력을 받게 된다. 재활용은 지구상 자원을 지속적으로 활용할 수 있게 해주는 순환경제의 가장 기본 원칙이다.

소각은 당연히 피해야 할 최종 공정이다. 그런데 현재 쓰레기의 문제가 너무나 심각하다. 전국에 산더미같이 쌓여 있는 쓰레기 산만 해도 120만 3천t이나 된다고 한다. 그럼에도 매립 면적이 적다 보니 지자체마다 쓰레기 소각 시설을 늘리고자 안간힘을 쓴다. 눈앞에 방치된 쓰레기뿐만 아니라 앞으로 늘어날 추세를 상상하다 보면 더욱 긴박해진다. 하지만 소각장을 지을 것인가 말 것인가를 결정하기에 앞서 쓰레기를 줄이는 방안부터 적극적으로 고민해야 맞다. 쓰레기를 줄일 수 있다면, 소각장 시설은 지금보다 더 늘지 않아도 된다. 장기적으로는 소각과 매립 모두 없애야 함은 물론이다. 기존에 운전되고 있던 소각 시설은, 현재의 쓰레기 문제를 해결하는 데 집중하도록 한다.

쓰레기를 줄이기 위해서는, 쓰레기 제로를 위한 각 마을 단위, 공동 건물 단위, 또는 지자체 단위의 로드맵과 조직을 만들 필요가 있다. 적극적으로 재활용 과정에 참여하기 위한 프로세스와 참여를 위한 매뉴얼을 만들고, 이를 교육시키고 전파해야 한다.

"전국 쓰레기산 120만t… '올해 40% 처리'", 세계일보, 2019. 2. 21

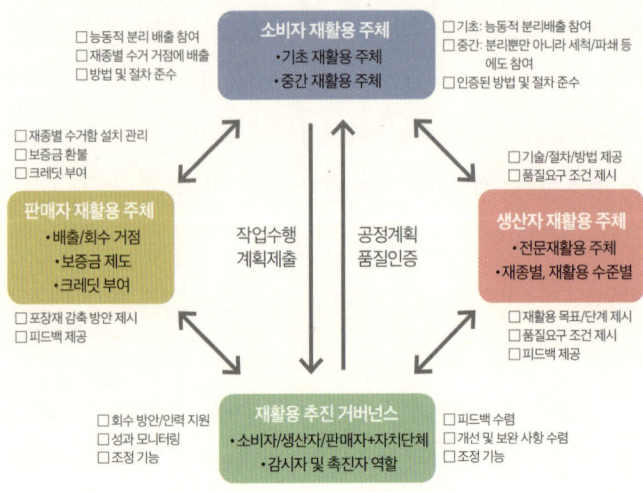

그림 33 적극적 재활용 체계를 구성하고 있는 각 주체의 역할과 관계

일상 속에 구체적으로 실행하기 위한 실험적 재활용 단지를 만들고 실천해보자. 정리해보면 표 12와 같다.

  그림 33은 적극적 재활용 체계의 실행을 위해 각 주체들의 역할과 관계를 도식적으로 나타낸 그림이다. 소비자/생산자/판매자와 자치단체 간의 유기적인 역할을 어떻게 배분하고 추진해나가는가가 관건이다. 여기에 참여하는 모든 주체는 앞으로 수행해야 할 훨씬 진전되고 적극적인 재활용 활동의 필요성과 의미를 충분히 공감해야 한다. 역할별로 필요한 정보와 방법, 절차를 잘 숙지하고 그 방법대로 분리배출, 세척이나 파쇄 같은 중간 단계의 활동들이 진행되는지를 서로 모니터링하고 보완해야 한다. 서로에

(1) 현황 파악	재활용 기술의 현황과 수준, 장애 요인과 개선점 등을 파악하고 분석한다.
(2) 재활용 목표와 기준 설정	현재까지보다 상향된 목표 설정 및 이를 추진하기 위한 기준과 절차를 정립한다. 이때 목표 수준별로 주체를 정하고 이들 주체에 따라 기능을 부여하고 절차를 배분한다. 여기에는 쓰레기 성상별, 재질별 분리 기준 같은 것이 포함된다. 주체는 기초 재활용 주체, 전문 재활용 주체로 나눈다. 기초 재활용 주체에는 수거 작업 담당이 있는데, 수거 작업에만 참여하고자 하는 사람들이다. 이를테면 종이 상자를 수집하는 인력들이 여기에 해당할 수도 있다. 닫힌고리형 배출 참여자는 플라스틱을 배출할 때 세척도 하고 라벨까지 분리한 뒤 거점으로 가져가서 배출하는 참여자이다. 열린고리형 배출 참여자는 기존처럼 소극적 재활용 방식의 분리배출을 수행한다. 중간 재활용 주체는 회수된 재활용 자원을 직접 파쇄까지 할 수 있는 역량과 의지를 지닌 참여자이다. 전문 재활용 주체는 말 그대로 재활용 사업자이다. 그 역시 재활용 체제 속에서 자신의 역할을 수행하면서 때론 기술자문과 중간 재활용 주체에 대한 인증을, 때론 제품과 기술개발의 선두주자 역할을 한다.
(3) 재활용 자원 수거 거점	각 가정별, 공동주택별, 마을 단위별로 재활용 수거를 위한 거점을 만든다. 생산 자재 활용제도의 기금, 소비자 보증금 크레딧 등을 활용해서 재활용 분리 수거에 적절한 보상을 지급한다.
(4) 재활용자원 품질 인증제도	각 재활용 주체별로 수행하게 될 분리 수거, 세척, 분쇄와 파쇄 등의 공정에 대해 수행 주체들이 적용하는 방법과 절차, 품질에 대해서 재활용 사업자가 인증을 해주는 방법이다. 기초 재활용 주체가 수행한 재활용 활동의 결과가, 재활용 사업장에서 실질적으로 요구되는 재활용 자원의 품질 수준을 맞출 수 있음을 확인해주는 절차이다.
(5) 순환 체계	재활용 주체별 자원순환 및 유통망을 구축한다. 즉 기초 재활용 주체가 생산한 재활용 자원을 재활용 사업자가 구매해주는 것이다. 재활용 사업자는 이 자원을 활용해서 새 원료나 제품을 만든다.
(6) 재활용 촉진 협의체 구성	각 재활용 주체 간에, 또 회수 거점과 재활용 전문 사업자 간에 정보를 교류하고 개선 방안이나 보완 사항을 강구해나가는 재활용 주체 간 협의체이다. 자치단체의 인사도 여기에 참여하여 각 과정에 대한 모니터링과 성과 및 결과를 모니터링한다.

표 12 쓰레기 제로를 위한 매뉴얼

게 부담이 되지 않도록 조정해주는 역할도 필요한데, 이는 거버넌스(협의체)가 수행한다. 우선은 이런 실험을 할 지역별 테스트베드를 선정해서 시범적으로 시도해보는 게 좋겠다. 한 번에 추진할 수도 없거니와, 쓰레기 제로는 지금까지와는 다른 삶의 방식이기 때문이다.

미주

1. E. F. 슈마허, 『작은 것이 아름답다』, 범우사, 1986, pp.16~17
2. 환경부 정책연구과제 결과분석보고서 '폐기물 운반 차량 개선방안 마련을 위한 국내 외 실태 조사 및 비용편익 분석' 과제 수행 기간: 2014. 05. 12.~2015. 09. 17., p.77.
3. 제5회 시민정책포럼 발제문, "플라스틱 어떻게 할 것인가" 2018. 4. 27.
4. E. A. Calt, Products Produced from Organic Waste Using Managed Ecosystem Fermentation, Journal of Sustainable Development, 2015, Vol. 8, No. 3, pp. 43-51.
5. ICCA(화학협회 국제협의회) 발간 LCA 가이드라인 책자, How to Know If and When it's Time to Commission a Life Cycle Assessment, 8쪽, LCA의 장점과 단점
6. T. S. Gomes, et al., Sardinia 2017 발표자료집, 16th International Waste Management and Landfill Symposium, 2-6 October 2017.
7. Franklin Associates, A Division of Eastern Research Group (ERG), Life Cycle Impacts for Postconsumer Recycled Resins: PET, HDPE, and PP, submitted to Association of Plastics Recyclers, Dec. 2018. p.40.
8. 무역투자위원회, Life cycle Assessment-ISO 14040 시리즈 실무 지침, 2004.2. p.23.
9. 산업통상자원부와 한국에너지공단 주관 신재생에너지법 시행령 개정 검토를 위한 공청회, 2019. 3. 28.
10. 해외녹색산업정책보고서, 「재생가능 에너지의 최적적용 사례-폐기물에너지, 소수력, 태양열 중심으로」, 한국환경산업기술원, 2012. 03. 07 (제64호), p.2.
11. 환경부, 「지방자치단체 폐기물처리시설현황-소각시설」, 자료갱신일 2019. 3. 13.
12. 오세천, 폐플라스틱 유화사업, NEWS & INFORMATION FOR CHEMICAL ENGINEERS, Vol. 24, No. 1, 2006, p.18.
13. X.Zhang, et al., From plastics to jet fuel range alkanes via combined catalytic conversion
14. M.Miandad, et. al., Effect of plastic waste types on pyrolysis liquid oil, International Biodeterioration & Biodegradation, 2017, Vol.119, pp. 239-252.
15. 한명완 외, 폴리에스터 폐자원의 화학적 재활용 기술, Elastomers and Composites, 2012, Vol.47, No.2, pp. 96~103.

16 4R Sustainability, Inc., Conversion technology: A complement to plastic recycling, April 2011, p.4
17 원문은 다음과 같다. Incineration plant: any stationary or mobile technical unit and equipment dedicated to the thermal treatment of wastes with or without recovery of the combustion heat generated. This includes the incineration by oxidation of waste as well as other thermal treatment processes such as pyrolysis, gasification or plasma processes in so far as the substances resulting from the treatment are subsequently incinerated.
18 P.Connett, The Zero Waste Solution, Chelsia Green, 2013, pp.78-79.
19 세계경제포럼, The New Plastics Economy Rethinking the future of plastics, Jan 2016, p.13

6

지속 가능한 플라스틱 사회

1. 어느 아파트 단지의 특별한 재활용

다음의 이야기는 가상의 아파트 단지에서 실천되고 있는 적극적 재활용 사례이다.

활용 씨와 플미 씨 부부가 살고 있는 미래 노플라시티는 1천 800여 세대가 살고 있는 대형 아파트 단지이다. 상가 건물에만 35개 점포들이 입점해 있는데다, 대형 슈퍼마켓 한 군데, 중·소형마트 세 군데와 카페, 편의점도 입주해 있어서 단지 내에서 웬만한 가정용품 조달이 가능하다. 하지만 아파트 주민들이 외부 마트에서 구입하지 않고 가능한 단지 내에서 생필품을 구매하려는 데에는 또 다른 이유가 있다. 바로 이 아파트 단지만의 독특한 상품 거래 방식과 재활용품 배출 방식 때문이다. 활용 씨네가 5년째 살고 있는 이 단지는 쓰레기 분리배출과 수거 절차가 까다롭기로 소문나 있다. 특히 플라스틱은 거의 버리는 것 없이 철저히 분리한 뒤 배출한다. 불과 3년 전만 해도 이런 일은 상상조차 할 수가 없었다. 3년 전 산불을 낸 플라스틱 재활용업체와의 이상한 만남이 미래 노플라시티를 완전히 다른 단지로 바꾸어놓은 것이다.

이 아파트 단지에서 북쪽으로 2킬로미터 정도 떨어져 있는 산기슭에는 플라스틱 재순환업체가 있다. 당시에 그 업체는 플라스틱 쓰레기를 받아서 2차 선별 작업과 플레이크 만드는 작업을 수행하는 제법 규모 있는 중견업체였다. 처음에는 쓰레기들이 들어오면 들어오는 대로 공장 내에서 바로바로 처리되는 듯했다. 그런데 어느 시점부터인지 국내에서 모아진 폐플라스틱류를 잔뜩 쌓아둔 채로 방치하는 기간이 길어지기 시작했다. 일본에서 들여온 질 좋은(?) 폐플라스틱을 먼저 재순환하느라 국내에서 수거된 플라스틱류가 뒷전으로 밀리고 있던 것이다. 이 업체 주변에는 활용 씨네 아파트 단지 외에도 또 다른 단지가 2.5km 거리에 있었다. 주민들은 점점 심해지는 악취와 경관을 해치는 쓰레기 산에 대한 불만을 수시로 업체 측에 호소했으나 통하지 않았다. 점점 단지 주민들과 갈등이 커지던 즈음이었다. 어느 덥고 건조한 날 쓰레기 더미에서 자연적으로 발화된 불이 야산을 태울 뻔한 사건이 생겼다. 다행히 산불은 초기에 진화되어 이렇다 할 피해를 남기지는 않았지만 인근 마을 사람들의 불안감은 커질 수밖에 없었다. 이 사건에 대한 업체 사장의 대처는 현명하고 신속했는데, 진심 어린 사과와 함께 재발 방지 대책을 내놓기 시작했다. 이전을 요구하던 마을 사람들이 그의 이런 태도를 접하면서 대놓고 욕만 할 수는 없게 되었다. 그러면서 서로 상생할 수 있는 방법이 없을까를 고민하기 시작한 것이다.

단지에서 이 재순환업체를 방문한 것은 쓰레기 산불로 온 마을이 놀란 가슴을 쓸어내리고 난 후였다. 그렇지 않아도 업체 사장은 아파트 대표들과의 면담 요청이 달가울 리 없었고 잔뜩 긴장한 듯했다. 그러나 자치회 대표들로부터 위로의 말을 듣게 된 것뿐만 아니라, '질 좋은 플라스틱 쓰레기'를 모아주겠다는 의외의 제안을 받으면서 대화가 진전되기 시작했다. 사실 지자체에서 수거되어 오는 재활용 폐플라스틱과 폐비닐의 상태는 엉망이었다고 한다. 제대로 분리가 안 됐거나 음식물 등 이물질이 묻어 있는 것들을 빼면, 재순환되는 것들은 처음 입고된 양의 35%에 불과하다고 했다. 나머지는 울며 겨자 먹기 식으로 돈을 들여서 매립지나 소각장으로 보내야 했다. 또 분리된 페트병들엔 투명한 것, 색깔 있는 것 등 온갖 것들이 섞여 있어 이들을 선별하는 데 또 다른 인력이 투입되어야 한다는 것이다. 그럼에도 이 사업을 할 수밖에 없었던 것은 이미 계약이 맺어진데다가, 지자체의 집요한 회유도 있었기 때문이라고 했다. 이만한 설비와 인력, 역량이 있는 폐플라스틱 재순환업체도 찾기 힘들었기 때문이었다 한다. 이때부터 미래 노플라시티 아파트 단지와 이 업체는 폐플라스틱 적극적 재활용이라는 프로젝트로 MOU를 맺고, 함께 새로운 모델을 만들어나가기로 했던 것이다.

매달 셋째 주 수요일은 단지 전체가 재활용 파티를 하는 날이다. 아침부터 단지 안이 들썩이기 시작한다. 주민들은 일제히 집 안에서 모아온 재활용품들을 내놓기 시작한다. 그런데 매우 세분화되어 있는데다가 엄격하기까지 하다. 모든 재활용품 특히 플라스틱류는 물질적 재활용, 즉 재순환을 목표로 PET, HDPE, PVC, LDPE, PP, PS, Other로 구분한다. PLA 같은 바이오플라스틱도 별도로 분리해서 담는다. PET는 유무색을 구분한다. 음식물을 담았던 것들이나 접촉했던 것들은 반드시 헹구어서 내놓아야 한다. 병 마개와 몸체 스티커 등 일일이 다 분해한다. 심지어 접착제로 붙인 스티커까지 물에 불리고 떼어낸 뒤 닦아서 가져온다. 닦이지 않는 부위는 오려내고서라도 깨끗한 병을 가져와야 한다. 분리된 것들은 동 호수와 플라스틱 종류가 표시된 마대자루에 담아 갖고 나온다. 매주 한 번씩 수거하므로 집에서 가지고 나오는 마대자루의 크기는 그다지 크지 않다. 그러나 이것들을 동 단위로 모으고, 다시 단지 전체로 모으면 플라스틱의 양이 엄청 많아진다. 비닐류도 따로 분리해서 가지고 나온다. 비닐류는 PE, PP, Other류로 분리한다. 만져봐서 유연하고 찢어지지 않고 늘어나면 PE 계열이다. PP는 좀 뻣뻣하고 바스락 소리가 난다. 이 두 종류는 깨끗하기만 하면 얼마든지 100% 재순환할 수 있다. Other류는 라면 봉지나, 과자 봉지처럼 바스락거리면서도 안에 은박이 붙어 있거나 다른 재질들이다. 비닐류는 슈퍼마켓이나 마트마다 비치된 종류별 수거함에 직접 가져다 넣을 수도 있다. 이렇게 하는 것은 생기는 비닐을 그때그때 깨끗하게 분리하기 위함이다. 물론 음료수용 투명 페트병이나 유리병도 직접 판매자 수거함에 넣을 수 있다. 판매자 수거함에 배출하는 것은 요일 구분이 없고 마트의 운영 시간 안에는 언제든지 가져다 넣을 수 있다.

　이렇게 세부적으로 분리배출하는 작업은 매우 복잡하고 번거로운 일이다. 그런데 어떻게 지어진 지 5년 된 미래 노플라시티가 이 일을 3년째 감당할 수가 있는 걸까. 처음부터 이름이 미래 노플라시티 아파트였던 것은 아니었다. 입주가 시작될 당시에 아예 플라스틱 쓰레기 제로를 실천하는 전환아파트로 가자는 몇몇 입주민들의 제안이 모아지기 시작했다. 쓰레기로 내놓기 직전에 손을 보태서 깨끗한 상태로 정확히 분리해서 내놓자, 나중에 다 모아놓은 뒤 분리하고 씻는 것보다 훨씬 더 쉽고 정확하고 믿을 수 있다, 재활용률도 높이고 재활용품의 품질도 처음과 같이 순환할 수 있다, 인도의 어느 마을처럼 일부 파쇄해서 내놓는 것도 해보자는 의견들이 힘을 얻었다. 처음엔 30% 정도가 이 제안에 동의했을 뿐이다. 그러다가 플라스틱 재순환 공장의 화재 사건과 민원 해결 과정을 통해 현 플라스틱 쓰레기 문제를 구체적으로 접한 뒤 75% 참여로 확대된 것이다. 아파트 단지의 이름을 미래 노플라시티 아파트로 바꾼 것도 이 무렵이다. 이때부터 단지의 액티브 재활용 프로젝트가 언론의 여러 매체에 기사와 다큐로 소개되었다. 지자체에서도 플라스틱 파쇄와 건조에 필요한 장비와 공간을 지원해주었다. 지금은 96%의 입주민들이 이 활동에 참여하고 있다. 나머지 4%는 상시 거주하는 사람들이 아닌 경우이다.

초기에는 아파트 주민들을 모아놓고 집중적인 교육 프로그램을 몇 차례씩 반복해서 가동했다. 그동안의 소극적인 분리배출을 넘어서서 적극적인 재활용 프로그램을 어떻게 실천할 것인지에 초점을 맞춘 것이다. 입주민들은 플라스틱 쓰레기 제로 생활을 실천하기 위한 구체적인 방법을 배워나갔다. 특히 플라스틱 제품을 구매해서 소비한 당사자로서의 책임과 의무가 크다는 것을 깨닫게 되었다. 그러면서 이 아파트 단지에서는 플라스틱을 환경오염물질^{EPM}로 규정하기 시작했다. 쓸 때는 편리한 물질이지만, 다 쓴 뒤 제대로 관리하지 않으면 500년 이상 환경과 건강을 위협한다는 사실에 주목한 것이다. 그래서 누구든 구매한 순간부터 최종 재순환할 때까지 자신의 플라스틱에 대한 생애관리책임^{LTR}을 지기로 했다. 원하든 원하지 않든 생활 속에서 생기는 대부분의 플라스틱류는 제대로만 분류하면 완벽하게 재순환할 수 있다는 것도 업체의 플라스틱 전문가를 통해 알게 되었다. 만일 규칙에 동의하지 않거나 약속을 위반했을 경우엔 아파트 단지의 쓰레기 배출 체계를 이용할 수가 없게 된다. 스스로 알아서 단지 외부로 가져나가서 처리해야 한다. 이렇게 동의된 규칙에 따라 모든 가정에서 재활용품들을 한 달 내내 모았다가 셋째 주 수요일 아침엔 일제히 내놓는 것이다.

활용 씨는 배출하기 위해 모아놓은 재활용품 자루들을 들고 서둘러 아파트 중앙광장으로 나간다. 지난 한 달 동안 모인 재활용품 중에는 여전히 포장용 플라스틱이 많다. 일회용품은 아예 안 쓰고 있지만, 아직 비닐이나 플라스틱 용기에 담겨져 판매되는 식품들이 많다. 택배로 물건을 받는 경우에 원치 않는 포장재가 많이 생긴다. 그러다 보니 오늘 들고 나가는 분리배출 마대는 투명 PET와 PP, 유색 HDPE와 LDPE, 그리고 스티로폼 종류이다. 일반쓰레기도 있지만 양이 적어서 들고 나오지 않기로 한다. 한편 플미 씨는 지난 한 달 동안 직접 자원회수센터에 재활용품을 갖다주고 받은 자원재순환인증서[RRC]를 찾아서 들고 나간다. 인증서에는 유리와 종이, 플라스틱류, 금속류에 대해 가져온 무게를 측정해서 그에 해당하는 가점과 함께 누적 점수에 따라 받게 될 각종 혜택이 기록되어 있다. 고형 플라스틱과 비닐류, 그리고 스티로폼의 3종류로 나누어서 발급한다. 집집마다 인증서를 얼마나 모으는가 경쟁이 되고 흥미를 불러온다. 중앙광장에는 이미 많은 주민들이 나와 있다. 각자 지난달 동안의 자원재순환 인증서를 나름 챙겨가지고 나온 것이다.

활용 씨는 얼른 플라스틱 수거함 앞으로 간다. 수거함은 재질별로 준비되어 있다. 각 수거함마다 재원재순환조합 위원들이 한 명씩 서 있다. 이들은 주민이 들고 온 재활용품의 종류들을 확인한다. 이미 재질별로 분류되어 있지만, 간혹 잘못 섞여 있는 것들이 있어서, 주민이 가져온 마대를 열면서 한 번 더 확인해주는 것이다. 수거함이 채워지면 다른 빈 수거함에 모으게 된다. 다 찬 수거함은 좀 더 큰 마대에 옮겨 담아 이동하기 쉽게 한다. 스티로폼이나 폐지, 종이 상자 등도 무작정 받지 않는다. 종이 상자와 스티로폼 상자에 붙은 테이프와 스티커는 모두 제거해야 한다. 확인된 종이 상자들은 납작하게 펼쳐진 상태로 일정량을 모아 끈으로 묶는다. 담당 위원들이 이 과정들을 일일이 점검한다. 그동안 자원재순환조합 회장은 마이크를 잡고서 가져오는 재활용품들을 동별로 구분해서 놓도록 안내하는가 하면, 각 세대별로 자원재순환 인증서를 집계하도록 안내하느라 분주하다. 오늘은 구청에서 만든 재활용회수센터 직원이 나와서 그동안 모인 재활용자원에 대한 보고가 있는 날이다. 플라스틱 재순환업체에서도 전문가가 나온다. 그는 재순환을 위해 플라스틱을 어떻게 모으고 분리해서 내놓아야 하는지를 기술적으로 자문해준다. 그 역시 동별로 쌓인 재활용 자루들을 일일이 열어보며, 제대로 분리가 되었는지 샘플을 체크하고 있다.

 활용 씨와 플미 씨는 모여진 재활용품들을 커다란 마대에 옮겨 담는 작업을 도와주다가 기재 씨와 마주친다. 부부는 그를 '기재 선생님'이라 부르며 깍듯이 존대한다. 기재 선생은 공무원으로 오래 근무하다가 은퇴했는데, 작은 리어카를 끌고 다니며, 아파트 단지 인근 마을에서 플라스틱 재활용품을 골라 오는 일을 하고 있다. 그 말고도 단지 내에는 다섯 분이 같은 역할을 자청하고 나섰다. 이들은 주로 인근 마을의 상점이나 카페에서 버려지는 일회용 플라스틱류를 수거해 온다. 폐지와 빈병, 비닐류 등도 보이는 대로 담아서 구청으로 가져간다. 구청에서는 이들에게 유니폼과 리어카를 제작해서 공급했고, 이들이 수거해 오는 재활용품에 대해서는 무게별 또는 양별로 보상금을 지급해준다. 기재 선생이 사회적 편견에 아랑곳하지 않고 재활용품을 수거하기 위해 동네의 쓰레기장을 누비고 다니는 것은, 이 역할의 중요성을 누구보다 잘 이해하고 있기 때문이다. 오랜 공무원 생활 끝에 은퇴한 그로서는 생계에 대한 걱정은 전혀 할 필요가 없다. 그럼에도 그는 굳이 리어카를 끌고 매일 거리로 나서는 일을 반복한다. 누군가 버린 물건이지만 자신이 다시 분리하고 모아서 재활용 공장에 가져다주는 것만으로 그 물건은 새 생명을 다시 얻으니 좋고, 자원을 아끼니 지구도 좋은 게 아니냐는 것이 기재 선생의 설명이다.

단지 내에는 모아진 페트나 PE, PP류를 파쇄하는 청년 그룹이 있다. 그룹의 이름은 '플라스틱 없는 삶'이란 뜻의 '플업삶'이다. 이들은 아파트 단지 내에 사는 입주민 중 쓰레기 제로 프로그램에 관심이 많고 참여 의지가 적극적인 사람들이다. 이들은 우선 인터넷 오픈 소스를 통해서 플라스틱 파쇄기를 주문 제작했다. 이 기금을 마련하기 위해 이들은 단지 내 지하 공간에 재활용 카페를 열고 기금 마련 행사를 몇 차례 했다. 청년들은 우선 단순히 재활용 자원들을 모으기만 하는 것에서 그치는 것이 아니라, 한 발짝 나아가서 정체가 분명한 플라스틱들을 파쇄하고 세척해서 플레이크로 만드는 것에 목표를 두었다. 이 과정은 재순환업체와 통할 수 있는 방식이어야 했기 때문에 몇 차례 자문을 받고 작업 공정에 대한 검증 절차 같은 것도 거친 뒤였다. 단지 내에서 모아지는 재활용 플라스틱들의 정체는 분명했다. 물론 처음부터 그랬던 것은 아니지만, 몇 달의 교육과 안내를 거치면서 이물질 혼입율이 급격히 줄어든 것이다. 지금은 거의 제로에 가깝다. 이들을 기술적으로 지원하는 것은 바로 MOU를 맺은 재순환업체의 기술부장이다. 그는 분쇄 작업을 위한 기계의 관리 방법, 분쇄된 플레이크의 크기와 깨끗한 정도, 건조 방법 등 필요한 방법과 절차들을 지도해주었다. 결국 이 아파트에서 나오는 재순환 플레이크는 바로 이 업체로 납품이 된다. 업체는 재순환 플라스틱 원료 생산에 좀 더 집중할 수가 있게 된 것이다.

입주민들이 이렇게 한마음으로 프로젝트에 몰두할 수 있게 된 데에는 판매자들의 협조가 큰 힘이 되었다. 단지 안에 있는 대형 슈퍼마켓과 마트들은 비닐 포장과 비닐봉지를 아예 제공하지 않는다. 천 장바구니는 이미 자치회에서 제작해서 나누어주었다. 슈퍼마켓에서는 과일류를 들여올 때 아예 상자째로 받아서 진열대 위에 올려놓는다. 소포장 용기로 나누어서 파는 일을 최소한으로 줄였다. 유리병, 대바구니 등을 준비하고 있다가 구매자가 요청하면 빌려주었다가 다시 되돌려 받는 불편을 감수한다. 리필 코너가 있어서, 세제나 샴푸, 치약 등은 빈 용기만 들고 와서 내용물만 채우고 비용을 지불할 수 있다. 큰 부대에 담겨 있는 쌀이나 잡곡류는 소비자가 필요한 만큼 종이 포대에 옮겨 담아 사 갈 수 있다. 입주민들의 요구도 있었지만, 마켓 주인 스스로도 포장재에 따른 비용과 쓰레기 발생에 대한 문제의식을 갖고 있었기 때문이다. 카페에서는 머그잔이나 유리잔만 쓰고 있으며, 테이크아웃이 필요할 경우 텀블러를 가져오거나 보증금을 내고 임대해야 한다. 빨대는 아예 제공하지 않는다. 상가 안에 있는 식당에서도 일회용 티슈나 나무젓가락, 플라스틱 수저나 이쑤시개 등은 이젠 아예 볼 수조차 없다. 마트들이 협조해주는 사항은 이것들만이 아니다. 슈퍼마켓 입구에는 비닐 수거함, 유리병과 플라스틱병 수거함이 놓여 있다. 공병을 잘 분리하고 씻어서 가져가면 보증금을 되돌려준다. 페트병과 같이 고품질 플라스틱의 경우 보증금은 아니지만 자원봉사 점수 또는 재활용 포인트로 적립받을 수 있다. 이 포인트는 나중에 입주자 자치회를 통해서 현금으로 되돌려 받는다. 입주자 자치회에서 사업을 통해서 생기는 수익뿐만 아니라 각종 기금을 모았다가, 입주민들에게 적립된 포인트를 현금으로 되돌려주는 것이다.

광장에서의 재활용 파티의 마지막은 음악 공연으로 마무리된다. 그러는 동안 자치회 사무실에서는 재활용 위원회가 열렸다. 오늘 모인 입주민 측 위원이 재활용품의 양을 집계하고 보고한다. 구청 측 위원이 그동안 발행하고 반환된 자원재순환인증과 보증금 반환 누적치를 보고한다. 업계에 지원된 EPR기금과 환경부담기금의 내역도 공개한다. 보고된 내용을 벽면에 붙은 재활용 재순환 활동 실적표상의 그래프에 추가한다. 재순환업체 측 위원인 김 과장은 고무된 표정으로 이야기한다. 플라스틱 재순환은 기술이 문제가 아니라 분리된 상태가 문제이다. 깨끗하게 정확하게만 선별되면 100% 원래 품질로 재순환할 수 있다. 즉 페트병이 다시 페트병으로 만들어질 수 있다. 비닐류도 원래 재질로 재순환할 수 있다. 그러면 여기서 분리되는 것들을 최대한 자원으로 재순환하겠다고 밝게 웃는다. 위원장이 회의를 정리하며 발언한다. 미래 노플라시티 아파트 단지의 재활용 사례를 보기 위해 방문한 외부 손님들이 가장 놀라면서 공감하는 것은 '적극적 재활용 활동이 얼핏 까다롭게 보이기는 하지만, 사실 당연히 그렇게 했어야 하는 일들'이라는 것이다. 모두 밝은 표정으로 이날 재활용 파티와 위원회를 마무리한다.

2. 순환경제(Circular Economy)

| 지속 불가능함으로부터의 탈출 |

SF 애니메이션 영화 〈월E〉는 사랑을 할 줄 아는 청소 로봇이 주인공이다. 이 영화에서 지구는 쓰레기로 가득 차고 미세먼지와 유독가스로 오염되어 더 이상 생명체가 살 수 없는 행성으로 묘사된다. 인류는 거대한 우주 모함을 타고 잠시 지구를 떠나 우주 공간을 유랑하는 삶을 살고 있다. 그러는 동안 수시로 지구 탐사 로봇을 보내어 생명체가 다시 등장했는지를 조사한다. 생명의 흔적이 보이면 지구로 즉시 귀환하는 것이 이들의 원래 미션이었다. 떠나 있는 동안 지구의 쓰레기는 남아 있는 사람들이 청소 로봇과 대형 장비를 이용해 처리할 계획이었다. 그러나 청소 프로젝트는 실패로 끝났으며, 지구로의 귀환은 무한정 늦춰진 채 700

년을 살아온 것이다. 지구상에 유일하게 남은 월E는 태양광 발전으로 에너지를 충당하고 하늘을 날지는 못하지만 무한 궤도로 달리는, 따뜻한 인간의 감성을 지닌 로봇이다. 이 영화는 지구에 대한 월E의 사랑이 사람들을 지구로 돌아오게 하고, 더불어 생명들도 돌아온다는 해피엔딩으로 끝난다. 월트디즈니사가 아이들을 위해 만든 영화지만 실제로는 어른들이 봐야 할 영화이다. 지구를 탈출할 수밖에 없는 곳으로 만든 책임이 기성세대에게 있기 때문이다.

지구를 떠나서 살아야 하는 미래를 그린 영화는 또 있다. 높은 과학 지식을 바탕으로 만들어진 영화 〈인터스텔라〉도 한 예이다. 이 영화에서 지구는 바이러스와 질소의 부족, 사막화에 따른 먼지 폭풍으로 인해 살 수 없는 곳으로 나온다. 결국 과학자들은 제2의 지구를 찾아 떠나는 모험을 한다. 영화 말미에서 인간은 우주정거장에서 사는 것으로 그려진다. 자세한 이야기는 보여주지 않았지만 지구는 결국 포기해야 했고, 인류가 이주해야 할 새로운 별을 여전히 찾아야 하는 과제가 남는다.

이 영화에서 인류의 과학 기술은 놀라운 수준에 도달해 있는 것으로 묘사된다. 수억 광년 떨어진 다른 은하로의 여행도 가능하고 생명도 연장할 수 있다. 그럼에도 이런 영화들에서 하나같이 불가능한 것이 있는데, 바로 지구를 되돌리는 일이다. 한번 망가진 지구를 되돌리는 일은 과학 기술만으로는 안 된다는 메시지를 던져주고 있는 것이다. 그 이유는 무엇일까. 지구 자체가 하나의 유기적인 생명체이기 때문이다. 대기와 물, 땅 어느 것 하나가 망가지기 시작하면 다른 구성 요소들도 덩달아 망가진다. 생태계에 필수적인 물질의 순환은 대기와 물, 땅에 걸쳐서 이뤄지는데, 이 순환이 깨지면 전체 생태계가 영향을 받게 된다. 이 순환은 장기간에 걸쳐 균형과 조화의 원리에 따라 자연적으로 일어난다. 과학 기술이 아무리 뛰어나다 해도 이 순환을 되돌리거나 조정할 수는 없다.

21세기에 들어와서 지속 가능성Sustainability이란 용어가 자주 등장하고 있다. 인류가 자꾸 지속 불가능한 방향으로 나아가고 있음을 스스로 느끼고 있기 때문이다. 지속 가능성이란 삶의 질적 향상과 발전을 추구하면서 환경-사회-경제의 균형이 유지되는 미래에 대한 장기적인 희망이다.♻ 여기에는 지난 20세기의 화려한 경제 발전이 초래한 부작용에 대한 반성이 담겨 있다. 현세대의 필요뿐만 아니라 미래 세대의 필요를 충족시키는 것이 지속 가능한 개발을 구현하는 길이다. 오늘날 시시각각 가설에서 징조로, 징조에서 현실로 다가오고 있는 지구적 환경 이슈들은 미래 세대의 생존마저 위협한다.

더 나은 삶의 질을 확보하기 위해서 경제를 발전시키고 기술 개발에 매진하는 일도 필요하다. 그러나 20세기식의 성장과 개발은 모두가 공멸하는 길로 갈 뿐임을 말해준다. 더 이상 이런 방식을 반복할 수 없음을 받아들여야 한다. 이런 자각과 반성은 뒤늦게나마 대안을 찾아 나서게 하지만 자리 잡기까지는 늘 한참이

♻ 위키피디아에서 순환경제 (Circular Economy)를 검색해 Sustainability 항목을 보는것이 플라스틱 주제에 적합할 듯하다.

걸린다. 석유 문제에서 보듯, 자연 자원을 캐내서 원료로 개발하고 소비하고 폐기 처리하는 이런 라이프 스타일에 대해서는 이미 1970년대 무렵부터 문제의식이 싹터왔다. 이후 다양한 방식으로 대안을 찾고 실천하는 공동체들이 생겨나기도 했다. 그럼에도 범지구적 차원의 운동으로 전개되기까지는 여전히 시간이 필요하다. 생산과 소비 영역, 사회 시스템 내의 이해 당사자들을 함께 움직이게 할 공감대를 만들기조차 쉽지 않다. 지구촌 곳곳에서 보내오는 전조 현상이 이미 심각한 수준인데도, 아직도 캠페인 수준에만 머무르고 있다면 큰일이 아닐 수 없다. 게다가 우린 아직 〈월E〉의 우주 모함 엑시엄을 만들지조차 못했지 않은가 말이다.

| **대안을 제시하는 개념** |

(1) 성장의 한계 The Limits to Growth

지난 19세기와 20세기에 지구에는 무슨 일이 일어났던 걸까? 우선 1800년과 2011년 사이에 인구가 10억에서 80억으로 늘어났다. 이런 폭발적 인구 증가는 19세기부터 진행되었던, 소위 말하는 산업혁명을 이끌었던 과학 기술의 급진적 발달에 힘입은 바가 크다. 화석연료를 캐내서 필요한 에너지와 동력 생산의 원료로 사용하기 시작하면서 대량 생산이 가능해졌고, 다양한 분야의 산업과 대규모의 공장들이 생겨났다. 많은 농촌 인구가 도시로 몰리면서 공장 노동자가 된 시점도 이 무렵이다. 플라스틱과 같이 가볍고 질기면서 썩지 않는 고분자 재료는 늘어난 인구만큼이나 생산과 소비 욕구도 증폭시켰다. 그로 인한 부담은 고스란히 지구 환경과 생태계로 옮겨갔다. 1972년에 로마클럽은 〈성장의 한계The Limits to Growth〉라는 보고서에서 다음과 같이 경고하고 있다.[1]

"지구는 현재 수용 가능한 총 인구수의 임계점에 도달했거나 다가가고 있으며, 장기적 관점에서의 최적 인구 수준이란 것은 없다. 오히려 인구 수준, 사회적 및 물질적 기준, 개인의 자유 및 삶의 질을 구성하는 다른 요소 간에 유지되어야 할 일련의 균형이 있다. 유한한데다 줄어들고 있는 재생 불가능한 자원과 지구의 한정된 공간을 감안할 때, 늘어나는 인구수는 결국 더 낮은 생활 수준과 더 복잡한 문제들을 가져올 거란 사실을 받아들여야 한다."

이 보고서는 당시의 추세로 경제성장을 추구한다면, 2072년이 성장의 한계가 될 것이고, 이후에는 인구와 산업의 침체기에 접어들 것이라고 예상했다. 보고서가 작성되던 1972년 당시의 성장 추세로는 전환이 가능하지만, 이후라도 전환을 빠르게 시도할수록 지속 가능성이 높아진다고 권고했다. 컴퓨터 시뮬레이션 결과를 바탕으로 쓰인 이 보고서의 결론을 두고 당시 비판과 조롱 등 다양한 반응이 이어졌다. 근본적으로는 현재 기후과학이 제기한 경고와 같이, 인간의 산업 활동의 부작용과 지구 미래의 지속 가능성에 대한 준엄한 과학적 경고로서의 의미가 크다고 생

성장의 한계(위키피디아)

각한다.

(2) 자연자본과 적정 기술

성장의 한계가 출간된 이듬해에 영국의 경제학자 에른스트 슈마허$^{Ernst\ F.\ Schumacher}$는 『작은 것이 아름답다$^{Small\ is\ beautiful}$』² 라는 책을 통해서 자연자본$^{Natural\ Capital}$이란 개념을 설명한다. 책의 첫머리에서 슈마허는 자연자본인 화석연료를 남용하는 행태를 비판하면서, 자본요소인 화석연료를 마치 수입요소로 착각하며 자기 것처럼 이용하는 것의 문제점을 지적한다. 만일 자본요소로 생각한다면 반드시 보존을 함께 생각해야 하는 것 아닌가 반문하는 것이다. 인류는 자연자본 사용을 최소한으로 줄이려는 노력을 해야 하며, 동시에 대체 불가한 자산으로 이익을 얻었다면 일정 부분은 기금으로 축적할 것을 제안한다. 이 기금은 향후 화석연료에 의존하지 않아도 되는 생산기술을 개발한다거나 새로운 삶의 방식을 여는 데 쓰여야 한다는 것이다.

슈마허는 또한 화석연료에 덜 의존하는 사회를 만들기 위해서는, 생산 방법과 소비 패턴을 혁신적으로 바꿀 필요가 있다고 한다. 이를 위해서 적정 기술을 제안하는데, 이 기술은 작은 규모의 기술, 덜 유해한 기술, 인간의 얼굴을 한 것과 같은 수준의 기술이다. 즉 인간의 창의성과 노동력이 자연스럽게 개입할 수 있는 수준의 기술을 제안하면서 이를 중간기술$^{Intermediate\ Technology}$이라 불렀다. 이 명칭은 후에 '적정 기술$^{Appropriate\ Technology}$'이란 이름으로

2000년대 중반부터 국내에도 소개되기 시작했다. 적정 기술은 과거의 성장과 개발을 달성하기 위한 수단과 도구로서의 과학기술을 반성하는 개념이다. 자원을 아끼고 빈부의 격차를 줄이는 데 필요한 과학기술이 가져야 할 새로운 가치 기준과 역할을 가리킨다. 그러면서 현재의 충돌 과정$^{Collision\ Course}$에 있는 인간과 자연계가 좀 더 지속 가능한 미래로 공존하며 나아가려면 규모의 경제가 아닌 지역과 작은 공동체에 집중해야 함을 역설한다. 슈마허가 주창한 적정 기술은 쓰레기 제로나 플라스틱 재활용 같은 프로젝트를 마을이나 공동체 단위에서 수행할 수 있도록 동기와 영감을 주는 유용한 툴이기도 하다.

(3) 지속 가능한 생산과 소비

사회적·생태적으로 부작용을 낳아온 과거의 생산과 소비 방식에 대해 대안을 제시하고 실천하려는 개념과 운동들이 전개되어온 역사는 결코 짧지 않다. 이들의 목표는 지속 가능 생산과 소비$^{SPC,\ Sustainable\ Production\ and\ Consumption}$라는 새로운 패러다임을 실천하자는 것이다. 약 40년 전부터 발현된 이 풀뿌리 운동은, 구매 거부로부터 가두시위, 에코 라벨이나 교육과 캠페인에 이르기까지 다양한 방식과 경로를 거치고 있다. 생산 기술과 제품 디자인 혁신에서부터 공동체 삶 속의 사회적 실험에 이르기까지, 문제의 원인과 대상을 생산과 소비 시스템 내에서 탐색한다. 이들 풀뿌리 단체들은 자신들의 운동이 캠페인 수준에서 끝나기를 바라는 것이 아니라 사회적 변화로 확대되기를 희망한다. 몇 가지 예를 찾아본다면, 자발적 단순 삶(Voluntary Simplicity) 운동, 슬로푸드(Slow Food) 운동, 공정무역(Fair Trade) 운동, 녹색소비실천(Green Procurement) 운동 등이다. 이러한 운동들은 생산과 소비 체계에서 발생하고 있는 문제들과 그 영향에 주목하고 있다. 현재의 생산/소비의 연결선 위에 있는 주체들의 전환을 촉구함으로써 다음 세대로의 영향을 최소화하려는 것이다. 이러한 운동의 방향은 다음과 같은 SPC의 정의와 잘 맞는다.

"인간의 욕구를 충족시키고 미래 세대를 포함한 모든 사람의 사회 및 경제적 안정과 삶의 질을 향상시키면서 동시에 인간의 삶이 의존하는 생태계를 보호하는 시스템이다."[3]

SPC 영역에 포함될 수 있는 풀뿌리 운동들은 다음의 몇 가지 카테고리로 나눌 수 있다. 지속 불가능 생산과 소비가 미치는 사회적·환경적 영향에 대한 대안 모색의 운동이다. 여기에서는 기후 변화, 기아와 빈곤, 멸종위기의 생물종, 사회적 정의, 쓰레기 오염 등이 주요 소재가 된다. 이와는 달리 산업과 생산/소비 활동의 주체와 방식에 대한 접근도 있다. 식량과 농업 문제라든지, 수송, 에너지, 주거지, 물, 생산과 미디어 등이 이들의 관심 영역이다. 단지 민간 차원의 운동만으로는 사회적 변혁을 이끌어내는 추동력이 약하다고 판단한 단체들은 권력 집단이나 정책 입안자들을 대상으로 규제와 제도를 바꾸기 위해 노력을 기울인다. 제도적 조달이라든지, 보조금 개혁, 그리고 확대된 생산자 책임제도 등이 이들의 주요 의제이다.

풀뿌리 시민뿐만 아니라 학계와 연구자 그룹, 그리고 사회사상가 그룹에서도 동일한 문제의식을 바탕으로 공동체 운동의 논리적 근간이 되는 개념과 사상을 제공해왔다. 이를테면, 앞에서 설명한 로마클럽의 보고서 <성장의 한계>라든지 슈마허의 '자연자본'이나 '비재생가능 자원Non-renewable Resource' 등이 좋은 예이다. 또 1985년에 등장한 '생태적 부채Ecological Debt'와 1994년의 '트리플 보텀 라인Triple Bottom Line'도 개발과 경제적 이득의 이면에서 등한시되는 환경과 생태계에 대한 문제점을 제기하는 개념이다.

(4) 순환경제

순환경제Circular Economy❹ 란 낭비를 최소화하고 자원을 최대한 활용하고자 하는 대안적 경제 시스템이다. 즉 자원을 캐내고 원료로 가공해서 제품을 만들었다면, 나중에 그 제품이 수명을 다한 후에도 원래의 물질로 되돌아가서 다시 새 제품으로 순환이 되게 하는 것이다. 이와 대비되는 개념이 전통적인 선형경제Linear Economy이다. 선형경제는 자원으로부터 원료를 뽑아내고 제품을 만들어 사용한 다음에는 쓰레기로 버리는 것이 아무렇지도 않은 시스템이다. 땅에서 캐낸 재생 가능하지 않은 자원을 용도가 다 됐다고 해서 태워 없애거나 땅에 묻거나 하는 방식은 여러 가지로 문제를 남긴다. 예를 들면 제품을 만드는 과정에서 발생시켰던 오염물질을 쓰레기 처리하는 과정에서도 그대로 배출해야 한다. 자원은 자원대로, 에너지는 에너지대로 소비되고 만다. 결국 자원의 고

순환경제(위키피디아)

갈 문제를 피할 수 없게 된다.

오늘날의 플라스틱 쓰레기 문제에서 보고 있듯이, 재활용을 많이 하면 할수록 도움이 된다는 것은 아무리 강조해도 지나치지 않다. 닫힌고리 재활용이든 열린고리 재활용이든 재활용은 하면 할수록 도움이 된다. 다시 말해서 순환경제는 자원 투입, 쓰레기, 오염물질 에너지 소비 등이 최소화되는 방향으로 생산과 소비 체계가 유기적으로 연결되는 것을 추구한다. 이를 위해서는 설계 단계에서부터 단기성이 아닌 오래 쓸 수 있는 제품을 만들기 위해 노력해야 한다. 정비나 재생수리가 가능한 구조를 갖추어야 하는 것도 중요하다. 뿐만 아니라 재료를 분리해서 다시 녹여서 원료 물질을 뽑아내거나 다른 모양으로 찍는 재순환 과정이 용이해야 한다. 재활용되지 못하는 부품이나 소재의 종류를 최소화해서 태우거나 매립하는 양을 가급적 줄이고자 하는 것이 순환경제의 최대 목표이다.

순환경제 지지자들은 이런 방식으로 생산과 소비 체계를 바꾸는 것이 소비자들의 삶의 질 저하를 불러오지 않는다고 한다. 제조업체의 수입이나 추가 비용의 손실 없이 성취될 수 있다는 것이다. 순환경제의 성공적인 예가 바로 폴리에스터 섬유산업이다. 섬유산업 내에서는 옷과 플라스틱 섬유가 끊임없이 순환하고 있다. PET 소재로부터 만들어진 폴리에스터의 원료 물질이 실과 옷으로 순환고리 내에 재투입되면서 버려지는 것이 없다. 이와 대비되는 산업은 유행을 쫓아다니는 패션 산업이다. 패션 산업은 높은 수준의 소비를 통해서 이익을 취하는 구조이다 보니, 소비를 무한정 촉진시키는 것이 특성이다. 즉 선형 시스템의 문제를 확대하는 것으로 산업이 유지된다.

2017년도에 발행된 〈엘렌 맥아더$^{Ellen MacArthur}$ 보고서〉에 따르면,[5] 재활용은 순환경제의 핵심 원리이며, 다음의 3가지 재순환 방식이 순환경제의 가치를 구현하는 데 적합하다고 한다. 이들 재순환 방식들에 대해서는 4장에서 자세하게 설명한 바 있다.

첫째, 닫힌고리 재활용이다. 기계적 재순환 방식이며, 페트병 수준의 품질로 재순환하는 것이므로, 가장 품질이 뛰어난 재활용법으로서 B2B 재순환 또는 수평식 재순환이라 한다.

둘째, 열린고리 재활용이다. 기계적 재순환 방식이며, 페트병 수준에서 폴리에스터 섬유를 뽑아내는 것이 대표적이다. B2F 재순환 또는 캐스케이드 재순환$^{Cascade Recycling}$이라 한다.

셋째, 해중합^{Depolymerization}이다. 화학적 재활용의 하나이다. 폐폴리에스터로부터 폴리에스터 원료를 얻는 방법이다. 태워서 원료를 얻는 열적 처리 방식과는 달리 버리는 플라스틱이 발생하지 않는다는 점이 장점이다.

인류는 플라스틱을 얼마나 오래 쓸 수 있을까. 이 질문은 우스꽝스럽게 보일지도 모른다. 그렇지만 단순히 플라스틱 제품을 앞으로도 얼마나 더 만들고 사용할 수 있는가 따위의 질문이 아니다. 등장 후 불과 70여 년의 짧은 세월만으로도 지구의 생태계와 환경을 뒤흔들고 있는 플라스틱과 인류는 앞으로 얼마나 더 함께 갈 수 있을까 염려하지 않을 수 없다. 플라스틱은 배타적인 물질이다. 외계에서 온 물질이라 해도 조금도 이상하지 않을 정도로, 지구의 생태계와 어울리지 못한다. 아니 어울릴 수 없는 물질이다. 따라서 지구라는 생명의 행성과 플라스틱이 과연 타협할 수가 있는가라는 질문의 해답은 인간만이 갖고 있는 셈이다. 그리고 그 열쇠는 재활용에 있다. 재활용의 수준을 80% 이상으로 끌어올리지 않고는 정말로 일부 플라스틱을 포기해야 할지도 모른다.

3. 미래의 플라스틱

| 재생 가능 플라스틱 |

플라스틱이 미래의 지속 가능성을 확보하는 쪽으로 함께 보조를 맞추기 위해서는, 지금 겪고 있는 문제점들을 상쇄하고 보완하는 방향으로 사회가 진보해야 한다. 더 이상 이런 방식으로 플라스틱을 활용할 수는 없다. 이렇게 가다간 플라스틱만 남고 지구 생태계는 파멸로 가게 될지 모른다. 플라스틱이 자연에 흡수될 수 있으려면 재생 불가능한 원료와의 단절이 가능해야 한다. 결국 플라스틱 원료를 재생 가능한 자원으로부터 얻을 수 있는가가 관건인 셈이다.

현재 플라스틱은 화석연료로부터 만들어진다. 그래서 석유 플라스틱이라 불린다. 화석연료를 뽑아내서 플라스틱의 원료 물질을 추출하는 과정에서, 이산화탄소 등 온실가스를 대기 중으로 배출할 수밖에 없다. 합성고분자의 특성상 버려진 플라스틱이 스스로 자연에 흡수되는 일은 절대 일어나지 않는다. 용도를 다하면 저절로 썩거나 분해되어서 원래 물질로 다시 돌아갈 수 있으면 좋으련만 그렇게 되지 못한다. 재활용을 할 수 없는 플라스틱은 범지구적인 숙제가 되고 있다.

이러한 부작용을 없애면서도 기존의 석유플라스틱을 대체하거나 섞일 수 있는 새로운 개념의 플라스틱이 필요하다. 이 새로운 플라스틱들은 현재 두 종류의 원료 물질을 활용해서 만들 수 있다. 즉 바이오매스 기반의 원료 물질과, 포집한 온실가스로부터 추출한 원료 물질이다. 이런 플라스틱을 재생 가능 플라스틱 Renewably Sourced Plastics이라고 한다. 재생 가능 플라스틱이 반드시 생분해 가능한 것일 필요는 없다.[6] 그리고 생분해되는 플라스틱이라고 해서 반드시 바이오 기반이라 할 수는 없다. 생분해성Biodegradability이란 58±2℃의 제한된 환경 속에서 무게의 90%가 6개월 이내에 분해될 수 있는 성질을 말하는데, 물질의 화학적 구조에 의해 좌우되지, 어떤 원료를 썼는가에 좌우되지 않는다. 100% 바이오플라스틱임에도 생분해성이 없을 수도 있고, 100% 석유플라스틱임에도 분해성을 지닐 수 있다.[7] 뒤에서도 설명하겠지만 생분해성 또는 분해성을 갖는다고 해서 모두가 다 친환경적이라 할 수는 없다. 중요한 것은 분해된 플라스틱 조각들이 퇴비화Composting되는가의 여부이다.

무한히 재생 가능한 자원으로부터 원료를 추출해서 만들 수 있는 바이오플라스틱은 유한한 자원으로부터 만드는 플라스틱에서 벗어날 수 있는 대안이다. 원료 물질을 어디서부터 얻었는가에 따라 다음의 두 가지로 나뉜다.

(1) 바이오플라스틱

기초 원료 물질을 생물성 소재로부터 얻는다. 바이오플라스틱$^{Bio\text{-}plastics}$ 또는 바이오 기반 플라스틱$^{Bio\text{-}based\ Plastics}$이라고 한다. 국제 순수 및 응용화학연맹^{IUPAC}에서는 바이오 기반 플라스틱으로 부르기를 권고하고 있다. 인터넷의 많은 사이트에서는 바이오플라스틱으로 관련 자료들을 검색할 수 있다. 또 유러피언 바이오플라스틱스$^{European\ Bioplastics}$에 따르면, 바이오 기반이거나 생분해가 가능한 것, 또는 둘 다에 해당하는 플라스틱을 바이오플라스틱으로 정의하고 있다. 이 책에서는 바이오플라스틱으로 부르기로 한다.

바이오플라스틱의 원료 물질을 다양한 바이오매스, 즉 생물성 소재로부터 얻을 수 있다. 그래서 어떤 소재 기반인가에 따라 세대를 구분한다.[8]

1세대 생물성 원료	탄수화물이 풍부한 식물로부터 원료를 얻는다. 1세대는 식량이나 동물들의 사료가 될 수 있다. 예를 들면 사탕수수나 옥수수, 밀 등의 1세대 원료이다.
2세대 생물성 원료	식량이나 동물의 먹이로 적절하지 않은 식물들이 여기에 해당한다. 예를 들면 비식량식물(셀룰로오스), 또는 1세대 원료를 사용하고 나온 쓰레기로 폐식용유, 옥수수 잔재 등이다.
3세대 생물성 원료	녹조에서 파생된 바이오매스이다. 1세대와 2세대 생물성 원료보다 성장수율이 높아 자체 범주로 따로 분리됐다.

표 13 세대별 생물성 원료

(2) 포집 온실가스 Captured green house gas 기반 원료

온실가스 즉, 이산화탄소나 메탄가스를 포집해서 원료 물질인 고분자를 추출한다. 쓰레기를 처리하는 시설에서 발생하는 온실가스로는 이산화탄소와 메탄가스가 대표적이다. 매립지에서 발생하는 가스를 포집하거나, 혐기성 소화 과정에서 나오는 가스, 석탄광산에서 나오는 가스들을 포집한다. 대형의 산업시설로부터 나오는 이산화탄소를 모을 수도 있다. 철강 제조 공장이나 시멘트 제조 공장, 석유 화학 공장에서 나오는 가스를 모아서 플라스틱 고분자 원료를 추출한다. 여기에는 기술적 제약이 따르는데, 효율적인 촉매 시스템을 갖추어야 하는 데다 에너지 비용이 들어간다. 아직 엄격하게 정의되지 않았지만, GHG 기반 공급 원료에는 바이오매스도 있다는 점에서, 바이오매스 기반의 '4세대 생물성 원료'라는 신조어도 생겼다.

그룹 1	생물성 기반이거나 부분 생물성 기반이면서 비생분해성 플라스틱(생물성 PE, PP, PET), 생물성 기반이면서 비생분해성 엔지니어링형 플라스틱(PTT, TPC-ET 등)
그룹 2	생물성 기반이면서 생분해성인 플라스틱(PLA, PHA, PBS)
그룹 3	화석연료 기반이면서 생분해성인 플라스틱(PBAT)

표 14 바이오플라스틱의 분류

| 바이오플라스틱의 종류 |

바이오플라스틱은 표 14와 같이 원료의 종류에 따라 세 그룹으로 나눌 수 있다.[9] 이 세 그룹 중 그룹2의 생물성 기반 플라스틱은 현재 바이오매스로부터 고분자를 추출하는 단계에서부터 상용화 단계까지 이르렀다. 그러나 아직은 규모의 경제를 달성하지 못했고, 기술적인 제약으로 인해 시장 진입이 제한적이다. 그룹3의 포집 온실가스 기반 중 CO_2 기반 플라스틱은 시제품 개발 과정을 통해서 가격 경쟁력이 있음을 확인했고, 메탄 기반 플라스틱은 상업용 규모로까지 확대되고 있다.[10]

(1) 그룹1: 비생분해성 바이오플라스틱
생물성/부분생물성 기반이면서 비생분해성 플라스틱   일반 플라스틱인 PE, PP, PVC도 재생 가능 원료인 바이오에탄올로부터 만들 수 있다. Bio-PE는 이미 대량으로 생산되고 있으며, Bio-PP와 Bio-

PVC가 뒤를 이을 예정이다. 부분 생물성 기반의 PET는 기술 응용 분야나 음료수병으로 이미 쓰이고 있다. 예를 들면 코카콜라의 'Plant Bottle'이 그것이다. 이 플라스틱들은 원료의 원천은 다르지만 기존의 석유플라스틱과 동일한 플라스틱이다. 그래서 이런 류의 플라스틱을 드롭인$^{drop-in}$ 플라스틱이라고 한다.

생물성 기반이면서 비생분해성 플라스틱 많은 기업이 생물성 기반의 폴리아미드^{PA}, 폴리에스터$^{PTT, PBT}$, 폴리우레탄^{PUR}과 폴리에폭시를 생산하고 있다. 이들은 대부분 자동차 산업에서 많이 쓰이는 시트커버나 카펫, 케이블이나 호스 등으로 만들어진다. 이 그룹의 플라스틱들은 수년 이상씩 수명이 유지되어야 하므로 생분해성보다는 내구성과 같은 엔지니어링 성능을 갖춘 플라스틱들이다.

(2) 그룹2: 생물성 기반 생분해성 플라스틱

이 그룹의 플라스틱에는 열가소성으로 개질된 전분^{TPS}과 다른 생분해성 플라스틱과의 혼합물, 또는 PLA, PHA와 같은 생분해성 폴리에스테르 종류가 해당한다. 셀룰로오스와는 달리 지난 수년 동안 대량생산이 가능해졌으며, 현재 포장재와 같은 단기성이나 일회성 제품에 적용되고 있다. PLA 등의 시장성이 검증되면서 지방산에서 유래되는 새로운 생물성 기반의 단위체 물질이 계속 나옴에 따라 가까운 미래에 더욱 성장할 것으로 예상된다. PLA는 생분해되어 없어지게 하는 것보다 재활용 기술을 확보하는 것이 더 필요하다. 자원순환의 새 가능성을 확보한다면 플라스틱 산업의 지형을 바꿀 만한 파장을 가져올 것으로 보인다.

(3) 그룹3: 화석연료 기반 생분해성 플라스틱

생분해성을 부여함과 동시에 기계적으로도 우수한 특성을 갖도록 기존의 석유플라스틱에 전분이나 생물성 원료를 전량 또는 소량 섞어 만든다. 여기에는 PBAT와 PCL이 있다. 석유플라스틱 기지에 금속 성분을 첨가하여 산소와, 빛, 열에 의해 고분자의 고리가 끊어지게 만든 것이다. 또 일부는 생물성 고분자를 섞어서 만들기도 한다. 그런데 이 그룹의 플라스틱들이 지닌 생분해성에 대해서는 다음과 같은 논란이 있다.

비록 석유로부터 원료를 추출했다 하더라도 생분해[Biodegradable]가 되거나 산화분해[Oxo-degradable]가 가능한 플라스틱이 될 수 있다. 이를 생분해성 플라스틱 또는 산화분해성 플라스틱이라고 한다. 엄밀하게 보자면 생분해가 일어나는 것은 아니므로, 생분해성 대신 생붕괴성이라는 표현을 사용하기도 한다. 이 플라스틱들은 분해 가능성을 염두에 두고 개발되었다. 바이오매스로부터 원료 물질을 얻기도 하지만, 산화분해 성질이 있거나 생분해 가능한 석유화학 기반의 물질 등을 섞어서 만든다. 이들 모두 재생 가능 플라스틱의 범주에 포함되어 있다. 하지만 이 분야의 플라스틱이 과연 환경에 안전할지에 대해선 여전히 논란이 되고 있다. 우선 산화분해란 말은 산소와 빛, 온도가 받쳐주어야 생분해가 가능한 성질

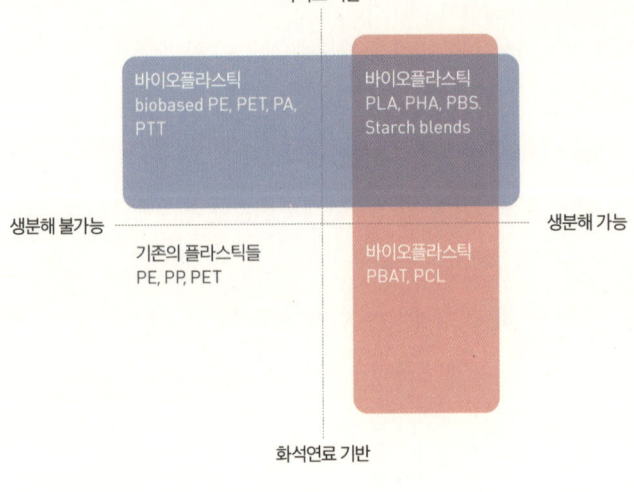

그림 33 　바이오플라스틱의 재질별 특성별 좌표계
출처: Eupeon Bioplastics, Fact Sheets, What are bioplastics?, 2016

생분해성, 퇴비화 가능성, 그리고 산화분해성에 대해 잘 정리되어 있다.

European Bioplastics의 기사 참조

산화분해성 플라스틱이 유기물처럼 완전히 분해되었다는 주장을 담고 있다.

이다. 만일 이 플라스틱이 매립되거나 찬 바닷물에 떠다니고 있다면, 쉽게 분해되지 않을 것임을 상상할 수 있다. 더구나 분해되더라도 작은 조각으로 분해될 뿐 완벽히 썩지는 않는다. 마이크로플라스틱인 상태로 흙 속이나 바닷물에 존재할 것이므로 오히려 생태계를 더 위협하는 셈이 된다. 따라서 석유플라스틱에 산화분해성을 부여했다 해서 친환경적이라고 볼 수는 없다. 오히려 이 그룹의 제품에 대해서는 사용법과 안전에 관한 정확한 정보 제공이 먼저 요구된다. 이에 대해 제조사들은 분해된 조각들이 완벽히 퇴비화^{composting}되었다는 실험 결과를 인용하면서 생분해가 맞다고 주장한다.

그림 34 PLA가 혼합된 멀칭용 플라스틱 필름 BIO-FLEX® ⓒ F. Kesselving, FKuR Willich
출처: https://en.wikipedia.org/wiki/Bioplastic#/media/File:Mulch_Film_made_of_PLA-Blend_Bio-Flex.jpg

그림 33은 새로운 개념의 바이오플라스틱의 특성별 재질별 종류를 좌표를 통해 보여주고 있다.

그림 34는 밭농사에서 많이 쓰이는 멀칭용 비닐이다. 우리나라에서는 PE 재질을 일반적으로 많이 쓴다. 농사가 끝나면 걷어서 지정 배출 장소에 갖다 놓는다. 그러면 지자체별로 수거해서 플라스틱 폐기물고형연료^{SRF}를 만들어 쓴다. 유럽에서는 BIO-FLEX®라는 상표명으로 유통되고 있다. 이것은 생물성 플라스틱 PLA를 전부 또는 일부만 혼합해서 만든 생분해성 바이오플라스틱이다. 안정적으로 생분해되므로 친환경적인 멀칭 소재로 평가받고 있다. 이런 좋은 기능성 소재를 기존의 석유플라스틱 소재와 섞는 것은 자원 낭비일 수 있다. 바이오플라스틱은 가급적 주

제조회사의 홈페이지 참조

어진 용도에만 집중해서 사용하고, 또 그 용도로 재활용되도록 하는 것이 바람직하다.

바이오플라스틱의 장단점

바이오매스 기반이든 포집 온실가스 기반이든 새로운 개념의 플라스틱임에 틀림이 없다. 이러한 플라스틱들이 활성화될 수 있다면, 현재 플라스틱으로 인해 생태계가 고통받는 일이 줄어들 것이다. 그러나 단기간에 기존의 석유플라스틱을 대체하기란 불가능하다. 기능이나 성능 면에서 떨어지는 불리함도 감수해야 하고, 무엇보다 아직 상용화 기술이 완벽하지 않다. 생태계에 어떤 영향을 줄지에 대한 피드백도 아직 충분하게 나오지 않았다. 일부 제한된 대기업들에 의해 관련 기술이 독점되고 있는 현실도 활성화를 어렵게 한다. 과연 바이오플라스틱은 인류에게 어떤 미래를 가져다줄 수 있을지 궁금해지는 대목이다. 바이오플라스틱으로 기대할 수 있는 것들은 다음과 같다.[11]

첫째, 원료가 되는 바이오매스는 최소한 1년에 한 번씩은 수확하며 매년 되풀이된다. 즉 재생 가능한 원료로 양이 많든 적든 지속적으로 조달할 수 있다.

둘째, 처음엔 플라스틱 원료로 쓰다가, 나중엔 에너지원으로 용도를 전환할 수 있다. 바이오매스는 탄소 중립형 에너지원인데,

태우더라도 바이오매스 자체가 지닌 탄소는 순환할 뿐 늘거나 줄지 않는다는 의미이다.

셋째, 석유를 원료로 가공하는 과정 및 제품 생산 과정에서 발생하는 탄소 발자국뿐 아니라, 온실가스 배출도 줄인다.

넷째, 석유플라스틱을 단계적으로 대체해 나감으로써 화석원료를 아낄 수 있다.

그러나 한편으로는 바이오플라스틱이 대규모로 생산되고 활용된다고 했을 때 다음과 같은 점이 우려되기도 한다.

첫째, 생분해성 바이오플라스틱을 매립하면 메탄가스가 발생하는데, 이는 강력한 온실가스이다. 이대로 방출할 경우 지구 온난화를 악화시킬 수 있다. 사실 이 문제는 매립의 근본적 문제이기도 하다.

둘째, 생분해성 플라스틱과 바이오플라스틱이 늘 분해되는 것만은 아니다. 때때로 자외선과 적당히 높은 온도, 그리고 수개월에서 수년이라는 긴 시간이 필요하기도 하다. 분해되더라도 작은 파편 조각으로 남는다. 이렇게 부스러진 채 독성의 물질로 주변을 오염시킬 수도 있다.

셋째, 식량이 되는 옥수수 대신 플라스틱을 만들기 위한 옥수수 재배에 더 많은 땅을 내놓아야 할지도 모른다. 에너지 문제에서도 그렇지만, 플라스틱을 위해 식량 윤리를 거스른다는 모순을 갖는다.

넷째, 작물을 키우고 유지하기 위해 화석연료를 투입해야 하며, 농약이나 비료 등 사용으로 인해 물과 땅의 오염이 가속화된다. 이럴 경우 단순히 석유플라스틱을 만드는 것보다 훨씬 더 오염이 가속화될 수도 있다.

다섯째, 생물성이자 생분해성 플라스틱인 PLA는 유전자 조작 옥수수로부터 얻어진다. 유전자 조작이 더욱 활성화됨으로써 환경에 주는 영향을 우려하지 않을 수 없다.

여섯째, 바이오플라스틱이나 생분해성 플라스틱은 재활용하는 데 제약이 따른다. PLA는 일반인들에게 마치 PET처럼 보이기 쉽다. 그러나 이 둘이 섞이게 되면 아예 못 쓰게 되고 만다. PLA가 더 많이 사용되면 될수록 현재까지 정립해온 석유플라스틱 위주의 재활용 절차나 기준을 모두 다시 설정해야 하는 사태가 벌어질 것이다.

일곱째, 일반인들은 바이오플라스틱과 생분해성^{biodegradable}, 그리고 퇴비화^{composting}의 의미를 같은 것으로 보기가 쉽다. 그러나 이 세 단어 사이에는 큰 차이가 존재한다. 생분해성은 박테리아나 균류, 녹조류와 같은 자연 속 미생물에 의해 물질이 분해되는 현상이다. 그리고 퇴비화는 온도, 습도 및 미생물 등의 조건을 유리하게 관리할 때 생분해가 촉진되는 현상이다. 바이오플라스틱에 속하는 광분해성이나 산화분해성 플라스틱의 경우 단지 작은 사이즈로 분해된다고 해서 환경에 해가 없을 거라는 오해를 줄 수 있다. 오히려 더 심각한 부작용을 낳을지도 모른다.

4. 재활용 어떻게 할까

| 인도 빈민가 다라비 |

내가 플라스틱 재활용에 관심을 두게 된 계기는 2013년에 인도를 여행하면서 뭄바이에 머물 때이다. 시티투어 프로그램 중 빈민가 투어가 있어서 신청했는데, 페트병이나 폐지 등 재활용으로 생계를 유지하는 슬럼가인 다라비^{Dharavi}를 방문하는 프로그램이었다. 뭄바이 중심부에서 다소 아래쪽에 있는 다라비는 면적이 $1.7km^2$이고 인구가 30만에서 100만 명 정도로 인구밀도가 매우 높다. 뭄바이를 가로지르는 고속도로에서 멀지 않은 곳에 있었던 것으로 기억된다.

고속도로를 빠져나와 빈민가로 들어가기 전에 도로에서 내려다본 도시의 아래쪽으로는 영화의 배경으로도 나왔다는 도비가트Dhobi Ghat가 내려다보인다. 도비가트는 인도의 전통적 빨래터이다. 거대한 현대식 고층 빌딩들이 지어지고 있는 건너편 시야와 눈앞에 펼쳐진 전통 빨래터는 전혀 어울리지 않는 풍경이었다. 인도에서도 100년이 넘는 빨래터로는 이곳이 먼저 손꼽힐 정도로 유명하다고 한다. 거대한 침대 시트 같은 빨래가 촘촘하게 널려 있는 모습은 한마디로 장관이었다.

가이드를 따라서 길을 따라 내려가니 좌우로 작은 공장과 상점들이 즐비했다. 서울의 을지로나 청계천 상가보다 더 밀집된 느낌의 마을. 트럭들과 오토바이, 자전거들로 붐비는 사이를 걸어서 좁은 입구로 들어서니 좌우로 공장들이 다닥다닥 붙어 있었다. 그 사이로 한 사람 지나가기도 쉽지 않을 정도로 좁은 골목이 이어졌다. 골목의 좌우로는 작은 공장들이 연이어 붙어 있는데, 좁은 공간에서 굉음과 먼지를 내며 돌아가는 기계들, 그리고 윗옷을 벗어던진 채 작업에 몰두하고 있는 사람들이 보였다.

공장 입구마다 주워 온 듯 보이는 페트병들이 가득 쌓여 있고, 줄지어 앉아 있는 한 무리의 사람들이 플라스틱들을 풀어놓고 고르는 작업을 하고 있었다. 옆 건물에서는 파쇄기가 플라스틱 병을 잘게 쪼갠 뒤 아래로 토해내고 있었다. 그 옆 공장에서는 커다란 물통에 담아서 플라스틱 조각들을 씻고 있고, 분쇄기를 만드는 철공소 느낌의 공장도 있었다. 파쇄기가 저렇게 간단한 구조인데도 플라스틱을 잘게 썰어낼 수 있구나 싶었다. 공장의 안쪽에서는 파쇄기에 호퍼를 조립하는 작업이 이뤄지고 있었다. 플라스틱을 파쇄하는 작업은 기계가 한다지만, 그 외 대부분의 작업이 사람들의 노동력을 통해 이뤄진다고 한다.

    소음과 먼지, 땀으로 번들거리는 얼굴, 그럼에도 그들은 낯선 여행객들을 위해 지나갈 틈을 내어주고 순박한 미소를 아끼지 않는다. 어느 집에 이르러 계단을 통해 지붕 위에 오르니 해가 잘 드는 곳마다 잘게 썰린 페트병 조각들이 널려 있었다. 지붕 위라서인지 그나마 다라비 마을의 전경을 넓게 볼 수가 있었다. 옆집 지붕에도 건넛집 지붕에도 해가 드는 공간인 듯싶으면 어김없이 널려 있는 플라스틱을 볼 수가 있었다. 골목을 지나다 보니 플라스틱만 있는 게 아니었다. 알루미늄캔들도 쌓여 있고, 상자 종이와 같이 폐지를 모아 재활용하는 곳들도 보였다. 어느 구역부터는 가죽을 수리하는 곳도 눈에 들어온다. 먼지를 날리면서 열심히 무두질을 하는가 하면, 가죽 원단을 놓고 재단하고 있는 곳도 보인다.

    공장 지대를 벗어나니 사람들의 거주지인 마을로 연결되었다. 슬럼가 투어인 만큼 마을의 한 가정을 방문해서 내부를 볼 수 있게 되어 있었다. 낮인데도 공장들에 둘러싸이고 창문이 없다 보니 집 안은 어두컴컴했다. 가로와 세로가 각각 3m 정도 되는 직육면체 모양의 벽돌 건물인데, 놀랍게도 여섯 명의 가족들이 함께 산다고 했다. 이 좁은 공간에서 어떻게 그게 가능할까 믿기지 않았다. 그리고 보니 벽면에 선반 같은 것이 고정되어 있어서 사람들이 올라가 잘 수 있게 되어 있었다. 그러나 제대로 발을 뻗을 수 있는 길이가 아니었다. 집 안 내부에는 화장실이 따로 있지도 않고 사생활 같은 것은 아예 꿈도 꿀 수 없는 구조였다. 용변은 공중화장실에서 해결한다고 하지만 시설이 턱없이 부족해서 어둑해지면 그냥 공터에서 일을 보기도 한단다. 그 공터에서 낮에는 아이들이 놀고 동네 개들도 덩달아 뛰어다닌다.

인도 카스트 계급의 가장 아래에 있는 불가촉천민들이 살고 있는 이곳 다라비 마을엔 대를 이어 주민들이 살고 있다. 이 마을을 일으킨 원주민 1세대를 이어 2세대들이 정착해 있고, 일부는 외지에서 유입되었다고 한다. 좁은 마을을 벗어나니 힌두교와 이슬람교가 서로 이웃하고 살면서 함께 쓴다는 사원이 있다. 신분이 다르지만 사랑에 빠진 남녀의 슬픈 이야기도 가이드를 통해 듣게 된다. 사원 내부를 두리번거리면서 잠시나마 평화로움을 느낄 수 있다. 이들의 삶이 얼마나 힘들고 무거울까 생각할 겨를도 없이 숨 가쁘게 둘러본 네 시간 남짓의 슬럼가 투어였다. 하지만 돌아오는 길 내내 플라스틱과 씨름하는 이들의 모습이 머릿속을 떠나질 않았다. 누구도 못하는 일을 이들은 해내고 있는 것이다. 열악한 조건에서 생계를 위해 어쩔 수 없이 하는 일이라지만, 지금의 지구촌에서 무엇보다도 시급한 일이다. 다라비에서 벌어지는 일은 지구의 숨통을 틔우는 일과 같다. 정작 이들은 자신들이 하는 일들의 가치를 생각해본 적이 있을까?

| 다라비의 재활용 산업 |

　다라비의 플라스틱 재활용 과정들을 좀 더 자세히 알아보자. 인터넷을 통해서 다라비 사례를 연구한 논문들이나 기사를 어렵지 않게 찾을 수 있었다.[2]

　다라비 마을의 인구에 대해 정확한 통계는 없는 듯하다. 단지 자료들 대부분이 최대 백만 명쯤으로 추산한다는 정도이다. 재활용 분야에 종사하는 단위 사업장은 모두 1천 200개 정도인데 그중 65%인 780개 사업장이 플라스틱 재활용 공정을 수행하고 있다. 뭄바이에서 나오는 생활형 쓰레기는 하루 1만 1천 209t 정도인데, 이중 평균 80% 정도를 재활용하고 있다. 플라스틱 쓰레기가 수집되는 과정의 시발점은 넝마주이$^{Ragpicker-Waste\,picker}$이다. 이들이 쓰레기 적치장, 도심 속의 상가, 거주지들을 다니면서 재활용 가능한 것들을 찾아낸다. 이들 넝마주이가 가져오는 플라스틱은 하루에 평균 100kg에 달하고, 한 달이면 2천 500kg에 이른다. 넝마주이는 자신이 수집한 플라스틱을 다라비로 가져와서 중간 상인인 수거업자^{Collector}들에게 판다. 다라비의 넝마주이는 다라비에 팔지만, 타 지역의 넝마주이는 다라비 또는 인근의 다른 지역에 팔기도 한다. 수거업자들이 넝마주이를 통해 하루에 사들이는 플라스틱은 700~1천kg에 이른다. 다라비 내에는 대략 1천개 정도의 수거업자의 작업장이 있다. 각 수거업자들은 플라스틱을 선별하기 위해 평균 2~3명의 작업자들을 고용하고 있고, 이들을

인도 다라비에 대한 기사

논문 출처

다라비 플라스틱 재활용 프로세스

그림 35 수집된 플라스틱을 선별하는 작업자들 ⓒ Reality Tours and Travel

통해 재질별, 상태별로 분리해놓는다. 가장 흔한 것은 PP(폴리프로필렌)이고, 값을 많이 받을 수 있는 것은 PC(폴리카보네이트)이다. PP는 물병으로 많이 사용하지만, PC는 자동차 헤드라이트용 커버로 총알이 뚫지 못할 정도로 질기다.

선별된 플라스틱은 다음 단계인 파쇄 공장으로 간다. 여기서 플라스틱들은 종류별로 잘게 썰어지면서 부피를 줄이게 된다. 파쇄 전에 이 플라스틱들을 나누는 기준은 난연성[FR, Frame Retardant] 여부이다. 난연성 플라스틱은 첨가제인 난연제를 투입해서 쉽게 발화가 되지 않도록 처리한 플라스틱으로, 주로 TV 등 전기제품에 쓰인다. 브롬계 난연제가 들어간 플라스틱을 태우면 발암물질이 나와서 문제가 된다.

보통 비난연성[non-FR] 플라스틱이 더 좋은 값을 받을 수 있다.

다라비에서 난연성을 구분할 수 있는 숙련된 작업장은 많지 않다. 대부분 이들이 활용하는 방식은 세척 과정에서 소금물에 띄우는 것이다. FR 플라스틱은 가라앉지만 non-FR 플라스틱은 떠오른다. 물론 대량으로 처리하는 과정에서 에러가 생길 가능성은 늘 존재한다. 파쇄된 플라스틱은 세척 공장에서 세척하고 나서 건조한다. 다라비에서 수행되는 일련의 과정을 거치면서 수집된 플라스틱 쓰레기의 대부분이 다시 재순환 과정으로 진입하게 된다. 이후 펠릿으로 만드는 공정은 다라비 밖의 성형 공장에서 수행한다.

    다라비의 재활용 산업은 매우 긍정적이면서도 성공적인 사례로 평가할 수 있다. 그럼에도 즐겁게만 볼 수 없는 것은 정작 현장에서 플라스틱을 재활용하는 작업자들의 작업 환경과 건강은 전혀 사회 시스템의 보호를 받지 못하고 있기 때문이다. 다라비 재활용의 가치나 메시지에 비해 그들이 처한 인도 내 사회적 계급은 최하위이다. 지구촌이 쓰고 버려진 플라스틱으로 인해 몸살을 앓고 있는 가운데, 사회적 계급이나 빈부의 차이에 따라 누구는 버리기만 하고 누구는 그것들을 주워 와서 생계를 잇는다. 자본주의 물질 만능 시대가 키워온 우스꽝스러운 대목이다. 선진국이라도 자신들의 쓰레기를 스스로 책임지고 처리해야 한다면, 어느 나라에건 다라비가 있어야 하지 않을까. 넝마주이가 있어야 하고 파쇄기도 있어야 하지 않을까.

    예전 우리나라에서 넝마주이는 빈곤의 상징이었다. 그러나 지금은 더 많이 버리는 사람들의 책임과 의무를 대신하는 대리인이다. 사회적으로 중요한 이 역할을 사회 시스템 안에 편입시켜서 체계와 문화로 자리 잡게 해야 하지 않을까. 넝마주이라서 모으는 게 아니라 내 쓰레기니까 모으고 추스르는 문화! 정작 이것이 필요한 일 아닐까.

| 프레셔스 플라스틱 |

프레셔스 플라스틱Precious Plastic 은 2013년에 데이브 하켄스Dave Hakkens가 네덜란드에서 시작한 플라스틱 재활용 프로젝트이다. 전문 공장에서만 다뤄야 할 것 같은 플라스틱 관련 기술들을 일반인들의 눈높이로 낮추어서 마술처럼 펼쳐 보인다. 데이브가 만들어 올린 영상엔 비록 연출이긴 하겠지만 반전이 있고, 틀을 깨고자 하는 의지가 곳곳에서 보인다. 그럼에도 자신들의 메시지 전달에는 매우 열정적이고 충실하다. 창의적인 방식으로 개발된 기술을 공개하고 시도한 과정들을 인터넷을 통해서 오픈 소스로 공유한다. 누구든 온라인상에서 가입할 수도 있고, 자료들을 다운 받을 수도 있다. 플라스틱을 모르는 사람일지라도 관심만 있다면 얼마든지 배우고 참여할 수 있다. 전 세계의 다양한 나라에서 모인 회원 중에는 우리나라의 민간단체도 몇몇 눈에 띈다.

프레셔스 플라스틱이 보여주고 있는 창의적인 실험은 다음과

프레셔스 플라스틱의 홈페이지에서 기술 자료나 교육용 영상, 재활용 사례 등 자세한 정보를 찾아볼 수 있다.

같은 점에서 시사하는 바가 크다.

첫째, 첨단기술 분야인 플라스틱 재활용 기술의 눈높이를 비전문가 영역의 수준으로 끌어내렸다는 점이다. 플라스틱을 어떻게 모으고, 선별하며, 각 재질별로 어떤 물성을 지니고 있는지를 누구라도 알기 쉽게 시각적으로 보여준다.

둘째, 개발된 기술과 노하우, 도면 자료, 교육 자료 등을 인터넷에서 오픈 소스로 공개함으로써 많은 사람에게 영감을 주고, 할 수 있다는 희망을 제시한다. 네덜란드에서 시작한 프로젝트가 지금은 전 세계 여러 나라로부터 디자이너, 기술자, 예술가 등이 합류한 프로젝트로 성장하면서 완성도와 스케일을 높여나가고 있다.

셋째, 플라스틱에 대해 꼭 알아야 할 상식을 교육 자료와 미디어를 통해 세심하게 전달한다. 플라스틱을 취급할 때 건강이나 환경에 미치는 영향 등을 피하기 위한 핵심을 놓치지 않고 담는다.

넷째, 버려지는 플라스틱들을 종류별, 색상별로 구분하여 펠릿화한다. 창의적인 디자인 작업이 가미된 성형 작업을 거친 새로운 기능의 물건으로 만들어낸다. 일련의 이러한 작업은 형상과 색상에 얽매이지 않고 새로운 가치를 창출한다는 점에서 예술적 의미까지 더하고 있다. 현재는 회원들이 만들어낸 플라스틱 장비나 작품들을 팔고 사는 온라인 바자*bazaar*를 개설하고 있다. 연구와 프로젝트만 있는 곳이 아니라 재미와 교류를 가미한 재활용 활동의 사례이다.

이 프로젝트에서 개발해서 사용하고 있는 재활용 장비들은 모두 네 종류인데, 파쇄^{Shredder}, 압축^{Compression}, 사출^{Injection}, 압출^{Extrusion} 공정에서 쓸 수 있다. 자세한 도면까지도 공개하고 있어서 가공업체의 도움을 받으면 누구라도 만들어 활용해볼 수 있다. 기계들의 디자인이나 부품들도 시중에서 구할 수 있는 것들이다. 스스로 디자인하고 만드는 적정 기술, 또는 메이커 수준의 창의력과 노동력이 접목된 결과물이다. 현재 이 그룹은 버전3 프로젝트 단계에 있으며, 최초 버전1에 비해 프로젝트의 규모나 참가 인력이 늘어나 있다. 온라인에서 보여주고 있는 활동 내용과 기술 개발 결과에도 상당한 진전이 있는 것으로 확인된다. 지금은 버전4를 위해 새로운 구상을 하고 있는 것으로 보인다.

이들의 열정과 역량을 미루어 짐작해보면, '플라스틱들이기만 하면 무엇이든 다 한다'라는 느낌을 받을 정도이다. 우리가 일상에서 많이 보는 생활형 플라스틱 중 PET, HDPE, LDPE, PP, PS 외에 Other와 ABS를 다루고 있기도 하고, 또 바이오플라스틱의 하나인 PLA도 재활용을 시도하고 있다. 이들의 창의적인 상상력이 훨씬 더 다양한 가능성을 낳는다는 것을 알 수 있다. 우리나라 재활용 현장에서 물렝이, 딱딱이로만 구분해서 마구 섞는 현실과 비교해볼 때 배워야 할 점이다. 다른 재종과 섞지 않은 채 성공적으로 재순환된 이 물건들은 이후에도 순환 과정에 언제든 합류할 수 있다. 그들만의 고집이 자연스럽게 순환경제를 실행하고 있다.

그림 36   프레셔스 플라스틱에서 제공하는 오픈 소스를 바탕으로 장난감 플라스틱을 녹여서 만든 그릇들

　재활용을 하더라도 전체 재활용 프로세스의 지속 가능성을 우선으로 하는 비전과 계획이 필요하다. 이들이 수행하는 각각의 재활용 작업은 이런 기본에 충실하다. 그러면서도 도전적이면서 실용적인 경험에 노출되는 것에 주저하지 않는다. 이것이 프레셔스 플라스틱의 이야기를 전 세계 수백 개의 그룹으로 퍼져나가게 하는 동력이라 생각한다. 물론 품질 면에서 이야기한다면 기존 대량생산 방식의 정밀 제품을 쫓아갈 수는 없다. 획기적인 성능을 지닌 복잡한 플라스틱 제품이 나온다거나 하는 일은 기대하지 않는 게 좋다. 이들이 추구하는 것은 사람과 교감할 수 있는 플라스틱이지, 첨단기술과 장비에 의존해야 하는 플라스틱이 아니기 때문이다.

| 순환 가능한 플라스틱 포장재 사용법 |

플라스틱을 자연계의 물질순환 사이클에 넣기란 불가능하다. 이 책의 곳곳에서 강조해왔듯 지구상 물질 중 플라스틱처럼 배타적인 것도 없기 때문이다. 하지만 플라스틱 없이 살 수 없을 정도로 인간의 생활과 밀접한 재료이다. 물질순환에는 섞일 수 없다 하더라도 자연계에 미치는 영향을 최소화할 수 있는 방안을 강구하지 않고는 파국을 막을 수 없다. 전 세계는 지금 지속 가능한 미래를 열기 위해 안간힘을 쓰고 있다. 그 대안 중 하나가 앞에서 설명한 순환경제이다. 플라스틱이란 자원을 어떻게 순환의 고리 안으로 편입시키는가가 매우 중요하다. 지구적인 미래가 달린 해법이라 해도 지나치지 않다. 여기서는 특히 일회용이나 포장용으로 쓰는 플라스틱의 순환을 촉진하기 위해 우리가 무엇을 어떻게 해야 할 것인지에 대해 정리해본다.

첫째, 순환이 가능한 디자인이어야 한다. 디자인 단계에서부터 제품의 재순환성을 고려하자는 이야기이다. 이를 위해서는 디자인 매뉴얼 같은 것이 필요하다. 그래서 디자이너라면 누구든지 그 내용을 숙지하고 있다가 언제든 자신의 디자인에 반영할 수 있어야 한다. 디자인 매뉴얼에서는 다음과 같은 기준을 제시한다.

(1) 소재의 단순성

먼저 플라스틱 재료를 사용할 수밖에 없는가를 질문한다. 플라스틱을 선택할 수밖에 없다면 단일 재종으로 가도록 한다. 우선 용도별 또는 내용물별로 적합한 포장재의 재질을 정해놓고 그 범주 내에서 선택하는 것이 좋다. 예를 들면 액체류라면 무조건 PET, 음식물을 담는 용기라면 무조건 PP, 야채를 담는 비닐팩은 무조건 PE, 이런 식으로 재종을 단순화하는 것이다. 물론 이에 대한 사회적 합의가 필요하다.

(2) 재질의 균질성

첨가제나 이물질이 덜 들어간 플라스틱을 선택하도록 한다. 얇게 하면서 강도를 높이기 위해 금속을 넣는다거나 색소를 넣는다거나 하는 일을 피한다. 페인트나 접착제를 플라스틱 표면에 허용하지 않는 세심한 설계여야 한다.

(3) 분리가 쉬운 구조

분리와 분해가 쉬우면 고장이 나도 고칠 수 있고, 마지막에 버려야 할 때 분리배출이 쉬워진다. 라벨이나 스티커가 쉽게 떼어지는 방식인지를 고민한다. 소비자가 라벨 정도는 스스로 떼어내서 배출할 수 있어야 한다. 디자인을 개선하면 이런 문화가 정착되는 데 큰 도움을 줄 수 있다.

(4) 식별 용이성

재활용 마크를 눈에 잘 띄게 한다. 고령화 시대에 접어들고 있다는 점도 감안해야 한다. 재활용 마크와 재질 표기를 잘 보이는 위치에 좀 더 큰 글자로 새겨야 한다.

둘째, 바이오플라스틱에 대한 정확한 정보와 활용법을 먼저 알려야 한다. 현재 출시된 바이오플라스틱 제품에 대해서도 활용법이나 재활용 방식에 대해서 정확한 정보가 필요하다. 단지 '생분해됩니다'라는 것으로 홍보해서는 안 된다. 생분해되니까 아무 데나 버려도 된다는 선입견을 줄 수 있다. 더구나 분해가 되는 원리에 따라 환경에 주는 영향이 전혀 다르다. 어떤 용도로 쓰고 어떻게 배출하라는 안내가 반드시 있어야 한다. 바이오플라스틱의 활용과 사용 후의 재활용 방식에 대해서는 사회적으로 인식을 같이 해야 한다. 명확한 정보와 기준이 없는 상태로 쓰이게 될 때 플라스틱 재활용 영역에 미칠 혼란이 클 것이다.

셋째, 공평한 대화 채널이 만들어져야 한다. 소비자, 생산자, 재활용업자, 수집업자, 전문가와 정책 입안자에 이르기까지 다양한 영역의 목소리를 모으고 들을 수 있는 플랫폼이 필요하다. 플라스틱은 이미 문화의 일부이기도 하고 생활 자체이기도 하다. 한두 집단의 이해관계로 좌우되는 제도나 이로 인한 사회적 공감이 강요되거나 해서는 안 된다. 지속 가능한 플라스틱 사용 문화를 만드는 일은 정확한 정보 또는 투명한 검증 방식과 과정을 공개하는 것부터 시작해야 한다. 플라스틱에 대한 사회적 관심과 비전을 모으고 제시하는 플랫폼이 필요하다.

넷째, 사용 후 플라스틱에 대한 관리 체계가 명확해야 한다. 분리배출을 위한 용도별, 재질별, 상태별 거점이 필요하다. 현재 골목 입구에 내놓는 방식 외에, 깨끗한 페트병만 모으는 곳, 비닐만 모으는 곳 등 오염되지 않은 플라스틱을 수거하는 거점이 필요하다. 해당 제품을 많이 파는 마트가 거점이 될 수도 있고, 마을회관이나 주민센터가 거점이 될 수도 있다. 생소한 개념이긴 하지만 플라스틱 공방 같은 것을 조직해 거점 역할을 자청할 수도 있다. 마을이나 공동체 주도로 플라스틱을 분리해서 모으고 재활용 방법을 찾는 공방을 만들어 분리배출뿐만 아니라 재활용 생산도 시도해볼 만하다. 앞에서 설명한 네덜란드의 프레셔스 플라스틱이 바로 훌륭한 성공 사례이다. 잘 분리해서 가져오는 배출자들에게는 이에 따른 보상금이나 크레딧을 부여한다. 물론 필요한 기금이나 재원을 확대하는 일은 제도로 풀어야 할 것이다.

다섯째, 개인이나 가정은 단순한 소비자가 아니라 재활용 활동의 책임 있는 주체이다. 재활용업자나 공공 영역에 맡길 것이 아니라, 플라스틱을 내 삶으로 끌어들여온 당사자로서 의무감을 가진 주체여야 한다. 사용 후 플라스틱을 제대로 정확하게 분해하고 깨끗한 상태로 배출 거점에 가져다놓는 것이 책임을 다하는 길이다. 지금까지 해온 골목길 분리배출은 최소한의 의무이다. 소비자들이 재활용 플라스틱들을 들고 배출 거점을 찾아 나서게 해야 한다. 이 움직임이 더욱 활성화된 순환 체계를 만들어낼 수 있다. 재활용품의 품질이 더 향상되는 것뿐만 아니라 근본적으로 자연환경과 자원의 보호에도 기여한다.

여섯째, 생산자나 중간 유통점 차원에서도 재활용에 참여한다. 제품을 묶음으로 운반하거나 포장할 때 사용한 트레이, 포장재 등을 잘 분리하여 모은다. 이것들은 소비자에게 가지 않아도 되는 플라스틱들이다. 이들을 보관하고 있다가 재사용하거나 재활용업체에 넘긴다. 이 또한 중요한 순환고리이다. ♻

미주

1. D.Meadows, et. al., Limits of Growth, Universe Books, 1972, p.191.
2. E. F. Schumacher, Small Is Beautiful, Vintage Books, 1973.
3. SPC에 대한 정의를 비롯하여 연구 내용과 방법 등에 대해 다음의 논문을 참고했다. J.Barber, Mapping Communities of Practice Toward Sustainable Production and Consumption, Proceedings of Integrative Strategies Forum, 2012.
4. 순환경제에 대한 전반적인 내용은 다음의 보고서에 잘 기술되어 있다. Ellen Macarthur Foundation, Toward Circular Economy, 2013.
5. Ellen Macarthur Foundation, The New Plastics Economy, 2017. p.47
6. 엘렌 맥아더재단, 「플라스틱 보고서」, THE NEW PLASTICS ECONOMY-RETHINKING THE FUTURE OF PLASTICS, 2016, p.69.
7. European-Bioplastics, Fact Sheet, What are bioplastics? 2016.
8. 엘렌 맥아더 재단, 「플라스틱 보고서」, THE NEW PLASTICS ECONOMY-RETHINKING THE FUTURE OF PLASTICS, 2016, p.92.
9. European Bioplastics, Fact Sheets, What are bioplastics?, 2016.
10. 엘렌 맥아더재단, 「플라스틱 보고서」, THE NEW PLASTICS ECONOMY-RETHINKING THE FUTURE OF PLASTICS, 2016, p.41.
11. Eupeon Bioplastics, Fact Sheets, What are bioplastics?, 2016.
12. M. Veronesi, Mumbai's Urban Metabolism and the Role of Waste Management through Informality, DPU Working Paper No. 183.

마치며

재활용만이 답이다

아마도 우리나라의 50대 이상 세대들은 어렸을 때 넝마주이를 한두 번씩은 보거나 듣지 않았을까 싶다. 넝마주이는 여기저기 쓰레기장을 뒤지며 고철이나 양은 같은 것을 수집하던 사람들이었다. 그들은 큰 망태기 같은 것을 짊어지고 기다란 집게를 들고 다니며 팔면 돈이 될 만한 것들을 집어서 등 뒤의 망태기에 모았다. 지금보다 40~50년 전의 이야기이다. 넝마주이가 대문 안에 들어와 무쇠솥 뚜껑을 들고 갔다는 둥, 아이를 업어간다는 둥 그들에 관한 소문은 좋지 않았다. 어른들은 넝마주이 가까이 가지 말라고 아이들에게 이르곤 했다. 그들을 대하는 사회적 시선은 곱지 않았을 뿐만 아니라 범죄와 연관된 집단처럼 여기고 경계했다.

이 넝마주이란 용어를 더 이상 쓰지 않는다. 지난 60~70년대에 볼 수 있었던 넝마주이의 모습은 간데없지만, 여전히 고물상은 존재한다. 물론 이 이름조차 '○○자원'과 같은 이름으로 순화되어 쓰인다. 쓰레기 더미와 고물상 사이를 연결해주는 현대식 넝마주이도 여전히 존재한다. 소위 '폐지 줍는 노인들'이다. 이들은 국내 재활용 산업의 가장 저변에 있는 개별 주체이다. 보호는커녕 관심조차 받지 못하며 위태위태하면서도 가치 있는 물건들을 도로변 쓰레기 더미로부터 재활용업계로 연결해준다. 나이 들고 일자리 희망조차 없는 이들에겐 생계를 유지하기 위한 최소한의 경제 활동인 셈이다.

넝마주이가 우리나라에만 있었던 것은 아니다. 웬만한 나라에 다 있었다. 그렇지만 우리와는 달리 이들의 활동은 좀 더 조직적이고 공동체적이다. 고도의 과학기술 산업이 만들어내는 쓰레기는 더욱 복잡해서 단순히 '줍거나 수집하는' 행위로만은 안 된다. 이들은 '웨이스트 피커$^{Waste Picker}$'라는 용어를 공식적으로 사용하며 사회 공동체 단위로서 활동한다. 조직적 활동을 통해 자신들의 권익을 주장하며 역할을 알리기도 한다.

그들 안에서 고용 관계가 이뤄지며 질서를 이루기도 한다. 남미나 아프리카, 아시아 등 할 것 없이 이들은 사회 시스템 내에서 당당하게 존재한다. 물질주의와 소비주의가 팽창하는 한 그 틈새를 채울 수 있는 계층이 바로 웨이스트 피커이다. 이들은 스스로 단순히 쓰레기장을 뒤져서 쓸 만한 것들을 수집하는 역할로만 한정 짓지 않는다. 명확하게 자원 재순환의 한쪽 영역을 담당하고 있음을 내세우며 그 선봉장으로 나서고 있다.

한 나라의 문화적 수준을 한눈에 알아볼 수 있게 하는 척도에는 무엇이 있을까. 복지 제도가 어떤가, 의료보장이 어떻게 되어 있는가, 심지어는 행복지수 등 여러 가지가 있을 수 있다. 하지만 앞으로 가장 중요시해야 하는 것은 재활용 체감지수, 또는 재활용을 위한 사회 시스템 같은 것이 아닐까 한다. 재활용을 얼마나 중시하는가, 생산과 소비에 앞서 재활용이 고려되고 있는가, 쓰레기 배출과 분류와 수집, 그리고 산업 등 재활용 극대화를 위한 사회 체계와 조직망은 잘 되어 있는가이다. 지금은 각자도생의 성격이 강하다. 각자 살기 위해 폐지를 수집하고, 장거리를 이송하기 위해 플라스틱 포장재를 마구 쓰고, 국가는 국가대로 책임을 다하고 있다고 한다.

생활재를 자원의 한 형태로 보는 문화의 확산과 정착이 필요하다. 원자재든 완성된 제품이든 그리고 맨 나중에 용도를 다해서 쓰레기가 되든 여전히 자원임을 의식해야 한다. 이러한 의식이 완성되려면, 물질의 순환, 즉 물질의 일생을 공부하는 자세가 필요하다. 물질이 어디서 왔는지, 어떻게 쓰이고 돌아가야 자연환경과 생태계에 영향이 없는지를 알게 해야 한다. 이러한 근본은 알려주지 않고 덜컥 만들어서 쓰게만 하니 지금과 같은 사단이 나고 만다. 그리고 이것은 갈수록 심각해질 것이 뻔한 일이다. 결국 지구를 망치는 일을 인간이 자처하고 있는 셈이다. 공상과학소설의 결말이 하나같이 환경 파괴, 쓰레기 누적, 재난의 증가 등으로 모이는 것도 이러한 사실을 뒷받침한다.

자원의 남용은 이를테면 지구가 품고 있던 물질들이 안정 상태에서 불안정 상태로 전환되는 것을 의미한다. 생태계 내에서 균형 있게 잘 순환하던 물질을, 인간이 필요한 것만 골라 빼내어서 분해가 잘 되지 않는 물질로 만들어서 쓰고는 태우거나 땅에 묻는다. 게다가 독성의 인공 화학 성분마저도 덤으로 자연으로 되돌린다. 그러고는 아무런 죄의식이 없다. 이것은 스스로 살고 있는 집의 기둥을 갉고 있는 것과 같다. 마셔야 할 물줄기의 상류에 똥오줌을 갈기는 것과 같다. 지구의 표면이 메마른 콘크리트 바닥으로 덮여가고 있다면, 지구의 대기와 땅속과 물은 플라스틱 성분으로 채워지고 있다.

플라스틱이란 물질도 순환할 수 있어야 한다. 분해가 되어 자연에 흡수될 수 있는 플라스틱을 써야 한다. 분해가 되지 않는 플라스틱이라도 어떡하든 길게 사용해야 한다. 일회용 제품이나 포장재, 비닐봉지는 쓰이는 단 한 시간을 제외하고는 최소 500년 이상을 생태계에 암처럼 남아 있을 것이다. 이러한 사실을 아는 이상 지금처럼 플라스틱을 대할 수는 없다. 플라스틱은 안 쓰는 게 답이고, 써야 한다면 재활용만이 답이다. 그것도 매우 적극적이어야 한다.

이러다 지구에 플라스틱만 남겠어

초판 1쇄 발행 2019년 11월 20일
초판 5쇄 발행 2022년 1월 20일

지은이 강신호
펴낸이 송주영
펴낸곳 (주)북센스
편집 장정민, 조윤정
디자인 강성호, 이미화
마케팅 오영일, 황혜리
경영지원 강수현
출판등록 2019년 6월 21일 제2019-000061호
주소 서울 마포구 동교로23길 41 골드빌딩 7층
전화 02-3142-3044
팩스 0303-0956-3044
이메일 ibooksense@gmail.com
ISBN 978-89-93746-62-4(03300)

이 도서의 국립중앙도서관 출판예정도서목록(CIP)은 서지정보유통지원시스템 홈페이지(http://seoji.nl.go.kr)와 국가자료종합목록 구축시스템(http://kolis-net.nl.go.kr)에서 이용하실 수 있습니다.
(CIP제어번호 : CIP2019044697)

*책값은 뒤표지에 있습니다.